Gustav Schirmer

Zur Brendanus-Legende

Gustav Schirmer

Zur Brendanus-Legende

ISBN/EAN: 9783743358560

Hergestellt in Europa, USA, Kanada, Australien, Japan

Cover: Foto ©ninafisch / pixelio.de

Manufactured and distributed by brebook publishing software (www.brebook.com)

Gustav Schirmer

Zur Brendanus-Legende

Zur
Brendanus-Legende.

Habilitationsschrift

durch welche

mit Zustimmung der philosophischen Facultät

der Universität Leipzig

zu seiner

Sonnabend den 7. Juli Mittags 12 Uhr

im Auditorium No. 2 über dem Convict

zu haltenden Probevorlesung

über

Irlands Antheil an der englischen Literatur

ergebenst einladet

Dr. Gustav Schirmer.

Leipzig,

Druck von Pöschel & Trepte.

1888.

Erstes Kapitel.

Leben des St. Brendan.

Die altirischen Gelehrten und Dichter pflegten die Sagen ihres Heimathlandes dem Inhalte nach in verschiedene Gruppen einzuordnen. Eine dieser Abtheilungen führt den Titel „*Imrama*", was „Seefahrten" bedeutet[1]) und zwar, wie O'Curry in seinen „Lectures on the Manuscript Materials of Ancient Irish History" pag. 288 anführt, freiwillig unternommene Seefahrten im Gegensatz zu dem der Bedeutung nach verwandten Worte „Longes", womit eine durch Verbannung oder Verfolgung verursachte, erzwungene Reise über das Meer bezeichnet wird. Unter diesen Imrama ist nun für die allgemeine Literatur diejenige des *St. Brendanus* die wichtigste.

Brendanus[2]) war der Sohn des Findlug, ein Enkel des

---

[1]) O'Curry, Ms. Mat. pag. 587; Windisch, Kelt. Sprachen in Ersch und Grubers Encykl. II. Sect. 35. Theil, pag. 150, 151.

[2]) Daneben kommen auch die Formen vor: Brandanus, Brendenus, Bredanus, Brendinus in lateinischen Quellen. Irisch lautet der Name: Brenaind, Brenainn, Brenain, Brendain, Brennaind, Breanan, Breanuinn, Breanouinn, Brenuinn, Brénuinn, Bréanuinn, Bréanainn. — Den Namen Brendan soll der Knabe dem Bischof Erc verdanken, seine Eltern hätten ihn Mobi taufen wollen. In den irischen Biographien Brendans, z. B. im Book of Lismore, in einem aus dem Jahre 1627 stammenden Stowe Manuskript No. XXXVI, pag. 178, in einer im Jahre 1780 geschriebenen Handschrift der Royal Irish Academy 23. L. 11, pag. 288, im Leabhar Breac (vgl. Stokes, On the Calendar of Oengus, pag. LXXXVI) wird gesagt, der Name „Brendan" sei aus „broen", „Tropfen" und „find", „weiss" entstanden; im Book of Leinster

Olchu, aus dem Geschlechte des Ciar des Sohnes des Fergus.[1])
Der Name seiner Mutter war *Brigitta* oder *Brigida*.[2]) Ein
Bruder Brendans wird erwähnt in dem Martyrologium von
Donegal, pag. 112. Er soll *Domainghin*[3]) geheissen haben
und Bischof von Tuaim Muscraighe gewesen sein. Ebenso
hatte er auch eine Schwester, Namens *Brigh* oder *Brighit*,[4])
welche Aebtissin von Enach-duin (jetzt Annaghdown an dem
Ostufer des Lough Corrib) war.

Die Abkömmlinge von Brendans Ahnherrn Ciar gaben
der irischen Landschaft, die heute Kerry genannt wird, im
Altirischen aber „Ciarraighe Luachra" hiess, den Namen, und
Kerry ist denn auch das engere Vaterland des berühmtesten
Sprösslings der Ciarraighe.

---

aber, pag. 371b, wird der Name von „broen" und „dian", „schnell"
abgeleitet. — Ausführlichere Biographien Brendans finden sich: Acta
Sanct. Bolland. 16. Mai; Lanigan, An Ecclesiastical History of Ireland, Vol. II, pag. 28; Irish Ecclesiastical Record, October 1871 bis
January 1872; O'Hanlon, The Lives of the Irish Saints, Vol. V, pag.
389—472. Smith and Wace, A Dictionary of Christian Biography,
Artikel: „Brendan"; Diction. of Nat. Biogr., Artikel: „Brendan".

[1]) Register von Brendans Vorfahren finden sich z. B. im Book
of Lismore; Book of Leinster, pag. 371a; Leabhar Breac (vgl. Stokes,
On the Cal. of Oeng., pag. LXXXVI, LXXXVII; Stowe Ms. No. XXXVI,
pag. 175; R. I. A. 23. L. 11, pag. 285, 286; Martyrology of Donegal,
herausgeg. von J. H. Todd und W. Reeves, pag. 112 und 128. Vgl.
ferner Reeves, Adamnans Vita St. Columbæ, pag. 221. Anmerkung.
Ir. Eccl. Rec., Oct. 1871, pag. 18.

[2]) C. Schröder, Sanct Brandan. pag. III. *Cara* aber war der Name
der Mutter nach einer Biographie Brendans in einem Brüsseler Manuskript; vgl. A. Forbes, Kalendars of Scottish Saints, Alphabetical
List, Artikel: „Brandan".

[3]) Domongenus in den Act. Sanct. Bolland. 29. April. — Noch
zwei andere Brüder St. Faithleach von Cluaintuaiscert und St. Faolan
von Cilltulach werden erwähnt in Ir. Eccl. Rec., Oct. 1871, pag. 18.

[4]) Vita S. Brendani Cap. IV und XXVIII, bei Moran, Acta Sancti
Brendani, pag. 1—26; Book of Lismore; R. I. A. 23., L. 11; Mart.
of Doneg., p. 9.

Die Legende[1]) läset ihn in „stagnili regione Mumensium" geboren sein. Moran[2]) bringt das lateinische „stagnile" mit „stagnum" zusammen, hält es für einen Eigennamen, dem das irische „Annagh" entspreche und erwähnt dann, dass in der Nähe von Tralee sich noch heute ein Kirchspiel Annagh finde. Reeves in seiner Adamnan-Ausgabe, pag. 221 Anmerk., kommt auf einem andern Wege als Moran auch dazu, den Geburtsort Brendans in die Nähe von Tralee zu verlegen. Er betrachtet nämlich „Stagnile", oder wie andere Handschriften haben „Straguile", „Stanguilem" als korrumpirt aus „Tragh-li", das gleich Tralee ist. Zu dieser Annahme glaubt er sich berechtigt, weil oft irische mit „t" anlautende Namen ein „s" präfigiren.[3]) Auf den Namen „Tragh-li" aber kommt er durch den Anfang der Vita S. Brendani in dem sogenannten Liber Kilkenniensis (jetzt in Marsh's Library in Dublin), der lautet: „Natus est beatissimus Brendanus abbas in zepharia Mumunensi plaga, in regione quæ dicitur Kyarraghi: quæ gens est circa oras *Littoris Ly* contra solis occasum." „Littus Ly" ist nun nichts anderes als die Uebersetzung des irischen „Tragh Ly", jetzt Tralee. Kyarraghi ist, wie schon oben angedeutet, das heutige Kerry. Das Book of Lismore, pag. 72, sagt, der Knabe sei geboren in „Ciarraidi Luachra i. Alltraighe Caille."[4]) Luachra wurde der westliche Theil von Kerry genannt. Der Name „Alltraighe Caille" ist in der Topographie Kerrys schon lange nicht mehr im Gebrauch,[5]) doch nennt eine andere Stelle

---

[1]) Herausgegeben von Jubinal, La Légende latine de St. Brandaines; Schröder, Sanct Brandan, pag. 3—36; Moran, Acta Sancti Brendani, pag. 85—131.

[2]) Act. S. Brend., pag. VI.

[3]) Weitere Belege für diese Vorsetzung eines „s" bei Eigennamen finden sich bei Reeves, Antiquities of Down, Conor and Dromore, pag. 32.

[4]) Dasselbe sagen auch das Book of Leinster, pag. 371a; Stowe Ms. No. XXXVI, pag. 176 und R. I. A. 23, L. 11, pag. 287.

[5]) O'Hanlon, Lives of the Ir. Saints. Vol. V, pag. 397.

im Book of Lismore den Bezirk, in welchem unser Heiliger das Licht der Welt erblickte, mit dem auch heute noch nachweisbaren Namen „Fianann".[1]) Es ist dies das heutige Fenit im Westen von Tralee und es darf nun diesen verschiedenen, aber in letzter Instanz doch übereinstimmenden Angaben irischer und lateinischer Quellen zu Folge mit Sicherheit angenommen werden, dass die Wiege unseres Heiligen in der Küstengegend westlich von Tralee gestanden habe. —

Die Geburt Brendans dürfen wir ungefähr in das Jahr 484 verlegen,[2]) wenn auch einige der altirischen Annalen von dieser Annahme bedeutend abweichen. Die früheste Ansetzung von des Heiligen Geburt haben wohl die Annales Buelliani,[3]) wenn sie sagen: „An. DLI, Brennaind Cluanaferta in Christo quievit, XCVI etatis sue anno". Nach dieser Quelle müsste Brendan schon 455 das Licht der Welt erblickt haben. Die Annales Inisfallenses weisen sogar zwei verschiedene Datirungen der Geburt auf. Einmal nehmen sie das Jahr 479 an: „An. CCCCLXXIX Kl. Nativitas Brendani Abilogi gnati, i. findlo, i. fl. nn. [i. e. Findlogæ, i. e. filii nn. (?)];" das zweite Mal aber das Jahr 466: „An. DLXX Kl. Quies Brenainn Cluanaferta in XCIV anno ætatis sue."[4])

Die Bollandisten, welche das Leben des St. Brendan unter dem 16. Mai behandeln, setzen 480 als das Geburtsjahr an und weisen dabei auf eine Weissagung des heiligen Patrick hin, welche dieser auf dem Todtenbette gethan haben soll und welche verkündete, dass Brendan 120 Jahre nach

---

[1]) So auch R. I. A. 23, L. 11, p. 288.

[2]) Dies nimmt Ussher, Brit. Eccles. Antiquit, Ind. Chronolog. (Sämmtliche Werke Bd. VI, pag. 595) an und nach ihm die meisten Biographen Brendans.

[3]) O'Conor, Rer. Hibernic. Script. Tom. II.

[4]) O'Conor, l. c. Vol. II. Vgl. dagegen Cod. Harl.: „576. Quies Brenain Cluainferta in XCIV anno ætatis suæ."

Patricks Tod geboren werden würde.[1]) Da Patricks Tod nach der Annahme der Acta Sanctorum im Jahre 460[2]) eintrat, so müssen sie, allerdings nur durch eine Veränderung des CXX in XX, als Geburtsjahr unseres Heiligen 480 annehmen. An und für sich kann eine bloss auf Prophezeiung gegründete Datirung durchaus keinen historischen Werth haben, aber der Verfasser der Vita Tripartita des St. Patricius, in der sich die Prophezeiung in Lib. III, Cap. XLVII findet, kann wohl das ungefähre Geburtsjahr des berühmten Brendan gewusst und von diesem Zeitpunkte ausgehend, dem sterbenden Apostel Irlands die erwähnte Weissagung in den Mund gelegt haben. — Der irische Text des Buches von Lismore giebt uns noch einen andern Anhaltspunkt. Er sagt nämlich, Brendan sei geboren zur Zeit, als Aengus, der Sohn des Natfraech, König von Munster gewesen.[3]) Da dieser Aengus im Jahre 490 in der Schlacht bei Kelliston fiel, so widerstreitet diese Angabe also auch nicht der Annahme, Brendan sei in der ersten Hälfte der achtziger Jahre des fünften Jahrhunderts geboren.

Einen hohen Beschützer gewann der Knabe in einem Bischof Erc, dessen Persönlichkeit aber bei dem häufigen Vorkommen dieses Namens in jener Zeit in Irland nicht genauer bestimmt werden kann. Vielleicht war es Erc von Slane († 512),[4]) der durch Verwandtschaftsverhältnisse mit dem Südwesten von Irland verknüpft war.[5]) Den erst ein

---

[1]) Colgan, Quarta Vita S. Patricii Cap. LXXIX in Trias Thaumat. pag. 45.

[2]) Dieses Todesjahr nehmen auch neuere Forscher an, vgl. Artikel: Patricius, in Herzogs Realencyklopädie für prot. Theolog. und Kirche.

[3]) So auch Stowe Ms. No. XXXVI, pag. 176; R. I. A. 23, L. 11, pag. 287.

[4]) Nach den Annalen von Ulster (O'Donovan, Four Masters, Vol. I, pag. 136, Anmrk. t) soll er am 20. November 514 gestorben sein.

[5]) Ir. Eccl. Rec., Oct. 1871, pag. 80. Lanigan, Eccles. Hist. Vol. I, pag. 389 Vol. II, pag. 28.

Jahr alten Knaben nimmt der Bischof vom elterlichen Hause weg, um ihn der Pflege und der Erziehung der heiligen Ita anzuvertrauen.[1]) Diese Jungfrau aus dem königlichen Geschlechte des Feighlim Reachtmuir stammend, war in Munster geboren und gründete in Hy-Conaill in der Grafschaft Limerick ein Kloster, in welchem Brendanus seine Kindheit bis zum fünften Jahre verlebte. Dann nahm sein Gönner Bischof Erc den Knaben zur weiteren Ausbildung zu sich. Zurückzuweisen ist wohl mit dem zuverlässigen Lanigan[2]) die allgemein verbreitete Annahme, dass auch St. Iarlath von Tuam als ein schon alter Mann Brendans Lehrer gewesen sei, da beide Männer ungefähr im gleichen Alter waren. Ebenso weist Lanigan die Behauptung zurück, Brendan sei ein Zögling der Schule zu Clonard gewesen; denn deren Gründer St. Finnian war ebenfalls kaum älter als Brendan und legte erst im Jahre 530 die berühmte Bildungsstätte zu Clonard an.[3])

Der lateinischen Vita[4]) zu Folge unternahm Brendan auch eine Reise nach Britannien. Lanigan versteht, wohl mit Unrecht, hier unter Britannia die Bretagne. Aus dem von Ussher herausgegebenen Verzeichniss der irischen Heiligen[5]) geht nämlich hervor, dass die sogenannte zweite Klasse von irischen Heiligen, zu der auch Brendan gehört, nicht mit Armagh und der patricianischen irischen Kirche, sondern mit

---

[1]) Vit. S. Brend., Cap. III; Book of Lismore; Stowe Ms. No. XXXVI, pag. 179; R. I. A. 23, L. 11, pag. 289. — Ueber das Leben der heiligen Ita vgl. Acta Sanct. Bolland. 15. Januar. In diesem Leben von Ita wird von der Erziehung Brendans durch sie nichts erwähnt, wohl aber von sonstiger Beziehung der beiden Heiligen zu einander. Bedenken wegen Altersverhältnissen (Ita stirbt 570) lassen Lanigan, Eccl. Hist. Vol. II, pag. 33, die Erziehung Brendans durch Ita höchst fraglich erscheinen.
[2]) Eccles. Hist. Vol. II, pag. 29.
[3]) Eccles. Hist. Vol. II, pag. 21, 29.
[4]) Vit. S. Brend. Cap. XV u. XVI.
[5]) Usshers Werke. Vol. VI, pag. 477.

der Kirche von Wales in Verbindung stand.[1] Es ist daher doch wahrscheinlicher, dass Brendan in Wales und nicht in der Bretagne gewesen. Während seines Aufenthaltes in Britannien wird Brendan mit zwei berühmten Männern der Kirche des Westens zusammengebracht, mit St. Gildas und St. Machutes. Der mit Wundern reichlich bedachte Umgang Brendans mit St. Gildas hat sicherlich seinen Ursprung in der Sucht mittelalterlicher Historiker, bedeutende Männer vergangener Zeiten in persönlichen Verkehr miteinander zu bringen. Chronologische Bedenken verbieten uns nämlich, den in der Vita S. Brendani Cap. XV und XVI erwähnten Besuch Brendans bei St. Gildas für geschichtlich zu halten. Denn Gildas wurde im Jahre 516 geboren, also mehr als dreissig Jahre später als Brendan und kann deshalb bei des letzteren Ankunft unmöglich schon, wie die lateinische Quelle sagt, ein Greis gewesen sein.

Anders war das Verhältniss des Iren zu Machutes oder Machutius, nämlich das eines Lehrers zu seinem Schüler.[2] Auch hier, wie bei dem Verhältniss zwischen Brendan und Gildas, tritt die Frage an uns heran, ob der irische Heilige in Wales oder in der Bretagne mit Machutes in Verbindung getreten sei. Die älteste Biographie des hl. Machutes, die des Bili,[3] weist nun ganz entschieden auf einen Aufenthalt des Brendan im Süden von Wales hin, denn zur Zeit der Geburt des Machutes war der irische Heilige Abt des Klosters von Llancarvan im heutigen Glamorganshire. Dasselbe

---

[1] Vgl. Todd, St. Patrick, pag. 95.

[2] Mabillon, Act. Sanct. Ord. S. Ben. Venedig 1733, I, pag. 177; Sigebert von Gemblours, Vita S. Maclovii Cap. VI (bei Surius, De Probat. Sanctor. Hist. 15. November, oder bei Migne, Patrolog. Tom. CLX, pag. 729); Joannes a Bosco, Floriacensis Vetus Bibliotheca, Pars I, pag. 486. Plaine et de la Borderie, Deux Vies inédites de Saint Malo. Prima Vita S. Machuti, Cap. II. Secunda Vita S. Machutis, Cap. I.

[3] Herausgb. von Fr Plaine in Deux Vies inedites de St. Malo pag. 29—120.

sagt auch die von A. de la Borderie herausgegebene anonyme Vita,[1]) sowie die Biographien bei Dubois und Mabillon. Einzig Sigebert von Gemblours deutet mit den Worten, das Kind Machutes habe das Licht der Welt erblickt „citra oram Britannici maris" auf die Bretagne als das Geburtsland hin. Sicher ist, dass Züge aus der Brendanus-Legende in die Vita des Machutes übergegangen sind. So zeigt die Erzählung von der wunderbaren Errettung des Knaben Machutes[2]) aus den Fluthen des Meeres eine grosse Aehnlichkeit mit dem Abenteuer der beiden Brüder, welche mit Brendan am Meere waren und von denen der eine von den Wogen des Ozeans verschont, der andere aber verschlungen wurde.[3]) — Weit wichtiger aber ist, dass Machutes, nach Cap. XVI—XXXV seiner Vita, von Brendanus dazu ermuntert und begleitet, zwei Seefahrten unternimmt, um die Insel der Seligen aufzusuchen. — In Britannien soll Brendanus ein Kloster zu Ailech[4]) und eine Kirche „in regione Heth"[5]) gegründet haben, und nachdem er so bleibende Denkmäler seines Aufenthaltes in der Fremde hinterlassen, kehrte er nach seinem Vaterlande, nach Irland zurück (nach Lanigan zwischen 540 und 550) und gründete einige Jahre später das Kloster Clonfert[6]) am Shannon in der Grafschaft Galway.

---

[1]) Deux Vies inédites, pag. 131—157.
[2]) Prima Vita S. Mach. Lib. I, Cap. V ff.
[3]) Vita S. Brend. Cap. XIV.
[4]) Lanigan, Eccl. Hist. Vol. II, pag. 34 identifiziert Ailech mit Alectum oder Alethum, einer Stadt in der Nähe des heutigen St. Malo, deren Bischof eben Machutes wurde, und gründete darauf hauptsächlich auch seine Ansicht von Brendans bretagnischem Aufenthalte.
[5]) Vita S. Brend. Cap. XVI. Nach Reeves, Adamnani Vita St. Columbæ sind diese beiden Gründungen vielmehr ein Beweis für Brendans Aufenthalt in Grossbritannien, denn Ailech ist nach Reeves (pag. LXXIV, Note f) wahrscheinlich Alyth in Perthshire und „regio Heth" (lat. gewöhnlicher Terra oder Insula Ethica) die heutige Insel Tiree westlich von Staffa (pag. 48, Note b).
[6]) Ir. Clúain Ferta von „clúain", „Wiese" und „fert", „Grab".

In welchem Jahre die Gründung stattfand ist nicht genau anzugeben, da die irischen Annalen in der Datirung derselben um elf Jahre variiren. Die früheste Ansetzung haben die Annals of the Four Masters (A. D. 553 resp. 554),[1]) die späteste die Annalen von Ulster (A. D. 563),[2]) welche daneben aber auch das Jahr 557 anführen; zwischen diesen beiden Angaben schwanken nun die Annalen von Inisfallen (A. D. 562),[3]) die Annalen von Clonmacnoise (A. D. 562)[4]) und das Chronicon Scotorum (A. D. 559).[5]) Ware[6]) entscheidet sich für das Jahr 558, Colgan für 553.[7]) Die Vita bei Moran sagt Cap. XXI: „Septuaginta septem annorum erat Sanctus Brendanus quando fundavit supradictam suam civitatem Cluayn-ferta." Nach ihr wäre die Gründung also um das Jahr 560 erfolgt.

Ausser Clonfert, seiner berühmtesten Schöpfung, sollen aber noch andere Klöster in Irland unserem Heiligen ihr Bestehen verdanken, so z. B. Ardfert in der Grafschaft Kerry[8]) und das Nonnenkloster Enach-duin, jetzt Annaghdown in der Grafschaft Galway am Lough Corrib, als dessen Aebtissin er seine Schwester Brigh einsetzte.[9]) Die Gründung eines

---

[1]) O'Conor, Rer. Hib. Script. Tom. III. O'Donovan, Ann. of the Four Masters, Vol. I, pag. 190, 191.

[2]) O'Conor, l. c. Tom. IV.

[3]) O'Conor, l. c. Tom. II.

[4]) O'Donovan, l. c. Vol. I, pag. 190. Anm. n.

[5]) Herausgegeben von W. Hennessy.

[6]) De script. Hiberniæ, Dublin 1639, Tom. I, pag. 12; Harris, Ware's Works concerning Ireland, Vol. I, pag. 537.

[7]) Act. Sanct. Hib. Tom. I, pag. 192.

[8]) Archdall, Monasticon Hibernicum. Vol. II, pag. 229. Die Kirche in Ardfert war dem Brendan geweiht. Der Ort war schon ein Bischofssitz bei Brendans Geburt und sein erster Bischof Erc, vielleicht der oben erwähnte Gönner des Knaben (Harris, Ware's Works, Vol. I, pag. 518); doch darf dieser Erc nicht verwechselt werden mit dem gleichnamigen Bischof von Slane.

[9]) Ware, De Script. Hib. Tom. I, pag. 12. Archdall, l. c. Vol. II, pag. 206. — Mac Echdach von Connaught († 570) soll Brendan Enach-

andern Klosters auf einer Insel des Shannon, Inis-da-Dromand, jetzt Inishdadroum, wird erwähnt in der Vita S. Brendani Cap. XII, die einer Zelle auf Hynis-meic-ichuind, jetzt Island of Inisquin im Lough Corrib in Cap. XVIII.[1])
Für die von ihm oder auf seinen Antrieb hin gegründeten Klöster, welche 3000 Mönche beherbergt haben sollen, fasste Brendan eine eigene Regel ab, die wegen ihrer Vorzüglichkeit dem Schreiber von einem Engel diktirt worden sein soll.[2]) Es ist uns von diesem Schriftstück nichts mehr erhalten,[3]) wie es aber ungefähr ausgesehen haben mag, zeigt die Mönchsregel des Ailbhe von Emily, in Uebersetzung mitgetheilt in dem Irish Ecclesiastical Record, January 1872, pag. 180—190.[4]) — Während es gar wohl möglich ist, dass Brendan solche Mönchsregeln niedergeschrieben hat, werden wohl Schriften wie: Confessio Christiana, Lib. I, oder Charta coelestis hæreditatis, Lib. I,[5]) oder Revelationes de futuris temporibus, Lib. I, oder Epistulæ quædam,[6]) oder S. Brigittæ

---

duin geschenkt haben (Ann. Inisfall. A. D. 570). Derselbe König wird auch erwähnt in der Vita Cap. XVIII. Diese Stelle besagt, Mac Echdach habe dem Heiligen die Insel Inisquin überlassen.

[1]) Archdall, Monast. Hib. Vol. II, pag. 215, 216; Lanigan, Eccl. Hist. Vol. II, pag. 30.

[2]) Vit. S. Brend. Cap. X; Book of Lismore; Stowe, Ms. No. XXXVI, pag. 184. R. I. A. 23. L. 11, pag. 296; Ware, De Script. Hib. Tom. I, pag. 12; Tanner, Biblioth. Britan-Hibern. London 1748, pag. 123. Dempster, Hist. Eccl. Gentis Scot. Bononiæ 1627. Lib. II, No. 143. Wion, Lignum Vitæ, Lib. II, Cap. XLIII. Bale, Script. illust. Maj. Britan. Cent. XIV, No. 78; Nicolson, The Ir. Histor. Library, Dublin 1724, pag. 80. Brendans Mönchsregel wird auch erwähnt in den Annalen von Ulster zum Jahre 743.

[3]) Ir. Eccl. Rec., January 1872, pag. 178.

[4]) Vgl. z. B. auch die Regel „Do cheli De no di clerech reclesa", in Windischs Ir. Gramm. pag. 125, sowie die anderen im Leabhar Breac enthaltenen Regeln.

[5]) Bale, l. c. Cent. XIV, No. 78, Wion, l. c. Lib. II, Cap. XLIII.

[6]) Ware, l. c. Tanner, l. c. Dempster l. c.

Virtutes et Miraculæ,[1]) oder De fortunatis Insulis[2]) zum Theil kaum sicher mit ihm in Zusammenhang gebracht werden können. Die letztgenannte Schrift über die Inseln der Glückseligen wurde dem Brendan natürlich in Folge der Legende von seiner Meerfahrt zugeschrieben. Nach Suchier war der Glaube, Brendan habe selbst in einem Buche seine wunderbaren Erlebnisse erzählt, im zwölften Jahrhundert und vielleicht sogar schon am Ende des elften verbreitet.[3]) — Erhalten ist uns unter dem Namen Brendans eine Oratio,[4]) die nach Moran echt sein soll, namentlich weil sie grosse Aehnlichkeit mit Colmans Hymnus[5]) im Liber Hymnorum und anderen Gebeten der altirischen Kirche habe, was auch ganz richtig ist, da sowohl in unserer Oratio, als auch in dem genannten irischen Gebete die Bitte zu Gott um Rettung und Schutz angeknüpft wird an eine Begebenheit des alten und neuen Testamentes, bei der irgend eine Persönlichkeit von Gott vor

---

[1]) Cotton, Fasti Eccles. Hib. Vol. IV, pag. 160. Lanigan, Eccl. Hist. Vol. II, pag. 38, Note 122. Colgan, Trias Thaumat, pag. 609. Dieser Hymnus auf die heilige Brigitta ist in irischer Sprache geschrieben und beginnt mit den Worten: „Brigid be bith-maith". Er ist herausgegeben von Wh. Stokes, Goidelica, 2. Ed., pag. 133 ff. In der Vorrede zu dem Hymnus werden die vermuthlichen Verfasser desselben aufgezählt. Sie sind: Colum-Cille, oder Broccan, der angebliche Verfasser eines andern Hymnus auf Brigitta beginnend mit den Worten: „Ni car Brigit buadach bith", (herausgegb. von Stokes, Goid. pag. 137. Windisch, Ir. Texte I, pag. 27), oder Drei aus Brigits Umgebung, oder *Brenainn*, dessen Seefahrt hier schon erwähnt wird, oder Ultan von Ardbreccain.

[2]) Tanner, l. c.; Dempster, l. c. Harris, Ware's Works Vol. II, Pars. 2, pag. 15, 16.

[3]) Böhmers Roman. Studien. Bd. I, Heft 5, pag. 557 ff.

[4]) Abgedruckt bei Moran, Acta S. Brend., pag. 27—44, nach einem Ms. der Bibliotheca Sessoriana in Rom (B CXXVII); eine andere Handschrift aus dem 14. Jahrhundert findet sich in St. Gallen, Stiftsbibliothek, Ms. No. 321.

[5]) Herausgb. von Stokes, Goid., 2. Ed., pag. 121 und Windisch, Irische Texte I, pag. 5.

einer Gefahr bewahrt worden. Nach der Handschrift in der Bibliotheca Sessoriana hat Brendanus diese Worte auf seiner abenteuerlichen Meerfahrt gesprochen.[1]

Von den Besuchen, die Brendan anderen Heiligen abstattete,[2] ist der bei St. Columba wohl der wichtigste, weil er auch in Adamnans Vita S. Columbæ Lib. III, Cap. XVII erwähnt wird.[3] Dieser Besuch muss nach dem Jahre 563 stattgefunden haben, weil Columba erst im Jahre 563 nach der Insel Hy kam.[4]

Da Clonfert, wo Brendan das berühmte Kloster gegründet, noch zu des Heiligen Lebzeiten ein Bischofssitz wurde, so wollen einige in dem Gründer auch den ersten Bischof Clonferts sehen, während andere dies wohl mit Recht bestreiten und ihm nur die Würde eines Abtes zu Theil werden lassen.[5]

Hochbetagt in einem Alter von über 90 Jahren starb Brendan im Jahre 576 oder 577 am 16. Mai in dem Kloster seiner Schwester zu Enach-duin. Bei der Datirung von des Heiligen Tode variiren die Annalen nicht eben stark. In das Jahr 577 setzen ihn Tigernachs Annalen,[6] der Codex Harleianus der Annalen von Inisfallen („576 [577 nach unserer Zeitrechnung] Quies Brenain Cluainferta in XCIV° anno

---

[1] Ueber irische Schriften Brendans siehe O'Hanlon, Liv. of the Ir. Saints, Vol. V, pag. 460.

[2] Z. B. der St. Brigitta (Vita S. Brend., Cap. XVII), der St. Ita verschiedene Male, den Heiligen von Meath (Vita S. Brend., Cap. XXIV).

[3] Reeves' Ausgabe pag. 219: „Alio in tempore, quatuor, ad sanctum visitandum Columbam, monasteriorum sancti fundatores de Scotia transmeantes, in Hinba eum invenerunt insula; quorum illustrium vocabula Comgellus Mocu Aridi, Cainnechus Mocu Dalon, *Brendenus Mocu Alti*, Cormacus Nepos Leathain."

[4] Reeves, Adamnan, pag. LXXV.

[5] Moran, Acta S. Brend., pag. VII, VIII. Lanigan, Eccl. Hist., Vol. II, pag. 30.

[6] O'Conor, Rer. Hib. Script., Tom. II.

ætatis suæ")¹), die Annalen der vier Meister („Aois Criost, cúigcéd seachtmoghat asé .... S. Brenainn, abb Cluanaferta Brenainn, an 16. Maii, 7 do fuair bas a n-Enach-dúin, 7 do hadhlacadh a chorp a c-Cluain ferta Brenainn"),²) die Annalen von Ulster („An. DLXXVI .. Quies Brendain Cluana ferta").³) Das Chronicon Scotorum⁴) hat 573 als Todesjahr des Heiligen. Brendans Ueberreste wurden in Clonfert, das seinem Gründer zu Ehren oft „Cluain ferta Brenainn" genannt wurde, bestattet.⁵)

Die Verehrung des Heiligen war aber nicht bloss auf Irland beschränkt, sein Ruhm breitete sich auch nach dem benachbarten und stammverwandten Schottland aus, und manche ihm geweihten Kirchen zeugen von der Achtung, die Brendan auch in diesem keltischen Lande genoss.⁶)

---

¹) O'Conor, l. c., Tom. II, während der Cod. Dublinensis 575 (resp. 576), der Cod. Bodleianus 570 (resp. 571) als das Todesjahr Brendans angeben.

²) O'Conor, l. c., Tom. II; O'Donovan, Four Masters, Vol. I, pag. 208.

³) O'Conor, l. c., Tom. IV.

⁴) Ausgabe von Hennessy, pag. 60, 61.

⁵) Der Brendan, dessen Todestag Columba geweissagt haben soll, ist nicht, wie Bucelinus, Menolog. Benedict. 16. Mai, und Schröder, Sanct Brandan, pag. III, angeben, unser Brendan, sondern dessen Namensvetter Brendan von Birra; vgl. Adamnan, Vita S. Columbæ, Lib. III, Cap. XI, bei Reeves, pag. 213.

⁶) Forbes, Kalendars of Scottish Saints, pag. 284 ff.

Zweites Kapitel.
Die Brendanus-Legende.

Wie jeder Heilige, so wurde auch Brendan mit der Zeit von einem Sagenkranze umgeben. Eine Menge Wunder werden ihm zugeschrieben; doch können nur solche für uns von Interesse sein, welche mit der Seefahrt unseres Heiligen, die ihn in erster Linie unsterblich gemacht, in einiger Beziehung stehen. — Es scheint nun, dass schon in recht alter Zeit auf diese Meerfahrt hingewiesen wird. So steht im Martyrologium von Tallaght unter dem 22. März die Notiz: „**Egressio familiæ Brendani**"[1]. Wenn nun auch dieser Heiligenkalender nicht mit Colgan schon vor das Jahr 785 oder 787[2] gesetzt werden darf und nicht den um das Jahr 800 lebenden Oengus Culdee, Sohn des Oengobu, zum Verfasser hat, so stammt er doch aus dem Ende des neunten oder Anfang des zehnten Jahrhunderts.[3]

Ein anderes noch bedeutend älteres Zeugniss bietet die neunte Strophe:

„Carais Brenainn buan-chrabudh
Do reir senuid is samhaidh;
Secht m-bliadna ar druim in mil mhoir,
Ba docair in coir chrabaidh."[4]

---

[1] M. Kelly, Calendar of Irish Saints.
[2] Act. Sanct. Hib., Tom. I, pag. 732 und 721.
[3] Todd, Martyr. of Doneg. Introd., pag. XV. Stokes, On the Calendar of Oengus, pag. 6.
[4] Es ist dies wohl die älteste Form der Strophe (Book of Lismore); andere modernere Fassungen finden sich bei Kelly, Calend.

(Es liebte Brendan beständige Frömmigkeit nach der Angabe von Synode und Versammlung; sieben Jahre auf dem Rücken des Wallfisches, es war eine Drangsal das Gesetz der Frömmigkeit) in Cumin Coindires Gedicht über die charakteristischen Tugenden irischer Heiliger, wenn der Dichter wirklich, wie Colgan sagt, um das Jahr 656 blühte[1]) oder gar noch ein Zeitgenosse des St. Columba († 597) gewesen.[2]) Die Verfasserschaft des Cumin wird allerdings bestätigt durch die letzte Strophe des Gedichtes:

„As me Cumin Coindire,
Ro chleachd crabhudh is geanas.
Fearr an luchd risa ttabraim taobh:
Itche na naomh ró charas.[3])

(Ich bin Cumin Coindire, welcher übte Frömmigkeit und Keuschheit. Am besten ist die Schaar, auf welche ich Vertrauen setze: die Bitten der Heiligen, die ich liebte.)

Von den in dem Gedichte genannten Heiligen sind zwei, die den Bollandisten zu Folge erst dem neunten Jahrhundert angehören, nämlich Mochta, Strophe 4 (Bollandisten 19. August), und Ceallach, Strophe 31 (Bollandisten 1. April). Die anderen Heiligen würden allerdings, was die Zeit ihres Lebens anbelangt, nicht gegen eine Verfasserschaft im siebenten Jahrhundert sprechen, aber auch gewiss nicht gegen eine spätere, da eben in die Blüthezeit der irischen Kirche die bedeutendsten und der Verherrlichung auch in den Augen eines späteren Dichters würdigsten Männer fallen. Der moderne Charakter der Sprache sowohl der bei Kelly abgedruckten Fassung des Gedichtes, als auch der durch das ganze Martyrologium von Donegal hindurch häufig citirten Strophen

---

of Ir. Saints, wo das ganze Gedicht abgedruckt ist (pag. 160 ff.), sowie im Martyr. of Doneg. 16. Mai. (Todd und Reeves, pag. 130.)

[1]) Act. Sanct. Hib., pag. 5, VII.
[2]) Act. Sanct. Hib., pag. 735a.
[3]) Nach Kelly's Ausgabe.

desselben kann allerdings durchaus keinen Beweis abgeben für eine moderne Abfassung der Dichtung.

Hinfällig als Beweis für das Alter der Legende ist auch die bei Colgan Acta Sanctorum pag. 721 angeführte Berufung auf die Litanei des Oengus Culdee, wo dreimal Anspielungen auf die Reise des Brendan sich finden, da es durchaus unsicher ist, ob Oengus wirklich Verfasser genannter Litanei war.[1])

Ob die Vita Abbani,[2]) in der Brendans Meerfahrt Cap. VI §. 43 erwähnt wird, mit O'Conor[3]) wirklich schon in das neunte Jahrhundert gesetzt werden darf, erscheint fraglich. Lanigan,[4]) auf dessen Angaben man sich meist verlassen darf, glaubt, die genannte Biographie sei ein Flickwerk von verschiedenen Verfassern und aus Quellen verschiedener Zeiten zusammengesetzt und als solches auch kein sicheres Zeugniss für das hohe Alter unserer Legende.

Hingegen darf als Beweis für das Vorhandensein der Sage im neunten Jahrhundert noch eine Stelle der von dem Diakon Bili im neunten Jahrhundert verfassten Vita St. Machuti geltend gemacht werden. Es heisst da Lib. I Cap. XVI, Brendan und sein Schüler Machutes haben mit noch anderen Personen ein Schiff bestiegen, um die paradiesische Insel Yma aufzusuchen, „atque, ut fideles viri de generatione in generationem narrant, navigantes atque ad patriam revertentes septem Paschæ supra mare fuerunt."[5])

Die beiden einzig sicheren Anhaltspunkte für das Bekanntsein der Legende im neunten Jahrhundert bieten uns also nur diese Stelle und das Martyrologium von Tallaght

---

[1]) Stokes, On the Calend. of Oengus, pag. 5. — Diese Litanei findet sich im Leabhar Breacc, pag. 23ᵇ—24ᵃ.
[2]) Act. Sanct. Bolland. 27. October.
[3]) Bibliotheca Stowensis, Tom. I, pag. 161.
[4]) Eccles. Hist. Vol. III, pag. 13.
[5]) Fr. Plaine et A. de la Borderie, Vies inédites de Saint Malo, pag. 46.

mit seiner Bemerkung: „Egressio familiæ Brendani" am 22. März. Jedenfalls muss dann aber die Reise des irischen Mönches schon recht berühmt gewesen sein, da ihrer in einem Heiligenkalender gedacht wird und die Kirche ihren Gedächtnisstag gefeiert zu haben scheint. Diese Annahme von dem Vorhandensein der Legende in so früher Zeit wird nun bestärkt dadurch, dass sich nach Duffus Hardy[1]) in der Vaticana eine Handschrift aus dem neunten Jahrhundert befindet, welche die Navigatio S. Brendani enthält und zwar in derselben ausgebildeten Form, in welcher sie später eine so grosse Verbreitung gefunden.[2]) Im elften Jahrhundert war dann die Legende allgemein bekannt und wir dürfen uns daher nicht wundern, wenn Rodulfus Glaber († 1049) in der Historia sui temporis Lib. II, Cap. II sie erwähnt, oder wenn im Liber Hymnorum der Bibliothek des Trinity College, Dublin, darauf hingewiesen wird.[3])

Irische Schiffermärchen sind es, aus denen unsere Brendanus-Legende zusammengesetzt ist, und welche in Irland, dessen Bewohnern die Grossartigkeit und Wunder des Ozeans so nahe lagen, gewiss von jeher schon recht populär waren. Erhalten sind uns nun noch von solchen Schiffermärchen, in der irischen Literatur bezeichnet mit „Imrama", die folgenden[4]):

1) Imram Brain Meic Febuil.[5])

---

[1]) Descriptive Catalogue. Vol. I, No. 458.

[2]) Moran benutzte diese älteste Handschrift (Vatic. Ms. Palatin. 217) bei seiner Ausgabe der Navigatio Sancti Brendani (Acta S. Brend. pag. 85 ff.).

[3]) Stokes, Goidelica, 2. Ed., pag. 134. Das Liber Hymnorum stammt aus dem Ende des elften oder Anfang des zwölften Jahrhunderts. Die irischen Gedichte desselben sind aber älter, ob auch die Vorreden zu denselben ist fraglich. Stokes, l. c., pag. 61. Windisch, Irische Texte I, pag. 4.

[4]) d'Arbois de Jubainville, Essai d'un Catalogue de la Littérature épique de l'Irlande, pag. 151 ff.

[5]) Yellow Book of Lecan, Trin. Coll. Dublin, H. 2. 16. Col. 395.

2) Imram Snedhghusa 7 Meic Riagla.[1])
3) Imram curaig Mailduin.[2])
4) Imram curaig Ua Corra.[3])
5) Imram Brenainn.[4])

Wann diese Schiffermärchen entstanden, ist natürlich schwer zu sagen. Die Zeit der Aufzeichnung in den uns vorliegenden Handschriften braucht selbstverständlich nicht mit der Zeit ihrer Entstehung zusammenzufallen. Von irischen Gelehrten sind diese Seefahrten datirt worden. So sind die beiden Mönche Snedhghus und Mac Riagla Zeitgenossen der Könige Donnchadh und Fiacha, welche in der Mitte des siebenten Jahrhunderts lebten.[5]) Die Ua Corra werden von O'Curry in die Mitte des sechsten Jahrhunderts versetzt,[6]) Maildun endlich in das achte Jahrhundert.[7])

Die älteste Form dieser Imrama wird wohl durch den

---

[1]) Yellow Book of Lecan, Col. 391—395. Herausgegeben mit englischer Uebersetzung von Stokes, Rev. Celt. Vol. IX, pag. 14 ff. Eine moderne Bearbeitung dieser Sage findet sich im Trin. Coll. Dublin Ms. H. 1, 11. Fol. 107 unter dem Titel: „Mearughadh cleireadh Coluimcille," „Irrfahrt der Geistlichkeit des Columkille."

[2]) Aelteste aber unvollständige Handschrift im Leabhar na hUidhre, pag. 22—26; vollständig findet sich die Sage im Yellow Book of Lecan, Col. 370—391.

[3]) Book of Fermoy, R. I. A., pag. 169ᵃ—178ᵃ.

[4]) Als zweiter Theil der „Betha Brenainn" im Book of Lismore. — Ueber andere für uns, bis jetzt wenigstens, verlorene Imrama vgl. d'Arbois de Jubainville l. c. und O'Curry, Ms. Mater., pag. 587. — Einen weiteren Beweis für die Beliebtheit der Imrama giebt uns auch die sogenannte Litanei des Oengus (Leabh. Breacc, pag. 23ᵇ—24ᵃ), wo dreimal die Reise des Brendan, eine des irischen Bischofs und Heiligen Ailbhe auch nach dem Lande der Verheissung, sowie noch eine grosse Zahl anderer Pilgerfahrten und Missionsreisen aufgezählt werden.

[5]) O'Curry, Ms. Mat., pag. 333.

[6]) O'Curry, Ms. Mat., pag. 289.

[7]) O'Curry, Ms. Mat., pag. 289. On the Mann. and Cust. Vol. III, pag. 159. Joyce, Olt Celt. Rom. Pref., pag. XIII. d'Arbois de Jubainville, Catalog., pag. 151.

des Bran Mac Febail[1]) vertreten. Es ist dies ein Feenmärchen von dem Charakter des reizenden „Ectra Condla Chaim maic Chuind Chetchathaig".[2]) Die eigentliche Seefahrt spielt nur eine ganz untergeordnete Rolle, die Abenteuer des Helden in dem Feenlande und mit dessen schönen Bewohnerinnen sind die Hauptsache. An keltische Mythologie erinnert auch die Begegnung Brans mit dem irischen Meergotte[3]) Manannan Mac Lir auf seinem Wagen. Christlicher Einfluss lässt sich in dieser Sage nicht nachweisen. Die Beschreibung des Landes, zu dem hin die wunderbare Frau im Anfange der Erzählung Brans Sehnsucht erwecken will, erinnert an die Beschreibungen des Feenlandes, wie sie in andern irischen Märchen vorkommen.[4]) Das Feenland heisst in den altirischen Sagen „Mag Mell",[5]) „Glückliches Gefilde", oder „Inis Subai",[6]) „Insel der Freude". Es wird damit nichts anderes als das Paradies der heidnischen Kelten bezeichnet. Der Glaube an dasselbe rettete sich auch in das Christentum herüber und wurde in demselben das „Tír tairngeri", das Land der Verheissung, die „Terra repromissionis". Auch sie wurde als Insel gedacht und diese mittelalterliche An-

---

[1]) Diese Persönlichkeit wird als Führer der Tuatha De Danand erwähnt in dem „Cath Finntraga" Zeile 225 ff. (Ausg. von K. Meyer in Anecdota Oxoniensia, Med. and Mod. Series, Vol. I, Part. IV.)

[2]) Windisch, Kurzgefasste irische Grammatik, pag. 118.

[3]) Als solcher darf Manannan doch wohl aufgefasst werden; vgl. Windisch, Ir. Texte I, pag. 204; Ersch und Gruber Encyklop., Art.: Keltische Sprachen, pag. 140.

[4]) Vgl. z. B. „Tochmarc Etaine", Ir. Texte I, pag. 132; O'Curry, Man. and Cust. Vol. II, pag. 192; Vol. III, pag. 191 Anm. 276, wo die Wohnung der Side als unter der Erde befindlich gedacht wird; oder im „Serglige Conculaind", Ir. Texte I, pag. 218—220, wo Labraid, der Feenkönig auf einer Insel wohnt (pag. 210, Cap. XV. pag. 220, Cap. XXXV). Eine Insel ist auch das schöne Land, nach welchem Cuchulinn im „Fled Bricrend 7 Loinges Mac n-Duil Dermait", Zeile 141 ff. (Ir. Texte II, Heft 1, pag. 178) fährt.

[5]) Sergl. Concul. Cap. XIII, Zeile 30.

[6]) Imram Brain, Yellow Book of Lecan, Col. 397.

schauung ist so nur eine Fortsetzung des uralten schon bei den Griechen herrschenden Glaubens an ein westlich von den Säulen des Herkules liegendes Eiland, die sogenannte Atlantis.[1]) Es ist gewiss begreiflich, dass gerade unter den Irländern beim Anblick des gegen Westen hin unbegrenzten Ozeans und bei der allen Menschen eigenen Sehnsucht, der untergehenden Sonne in die westlichen Regionen zu folgen, der Glaube, anknüpfend an die heidnische Annahme eines Feenlandes, an eine im westlichen Meere liegende Insel besonders stark war. Es kommen für diese Paradiesinsel verschiedene Namen vor: „Tír tairngeri",[2]) „Hy Breasail",[3]) „Tír na m-beo", „das Land der Lebenden", auch „Oilean na m-beo", „Insel der Lebenden";[4]) „Tír na n-óg", „Land der Jungen".[5]) Die lateinischen Quellen kennen dieses irdische Paradies unter dem Namen der „Fortunatæ Insulæ",[6]) oder

---

[1]) Plato Timæus, pag. 24E—25E. Kritias, 108E bis Schluss. Humboldt, Examen critique de l'histoire de la géographie du Nouveau Continent (mir nur in der Uebersetzung von Ideler zugänglich), Bd. I, pag. 155—166. Vgl. auch das phantastische Werk: „Atlantis, the Antedeluvian World" von Ig. Donnelly, New-York 1882.

[2]) Litanei des Oengus, Leabhar Breacc, pag. 23ᵇ.

[3]) Ueber den Namen vgl. Hall, Ireland, its Scenery etc. Vol. III, pag. 436 Notes. Ein Bressal Etarlam wird in Verbindung mit den Side erwähnt im „Tochmarc Etaine" Cap. XIII. (Ir. Texte I, pag. 127, Zeile 12 und pag. 132, Zeile 15.) Darf vielleicht auch darauf hingewiesen werden, dass gegen das Ende des Mittelalters eine Gruppe von Inseln in der Nähe der Azoren, die man oft für die Fortunatæ Insulæ hielt, mit dem Namen der Brasil-Inseln bezeichnet wurde? Humboldt, Exam. crit., übers. von Ideler, Bd. I, pag. 439.

[4]) Vgl. die hübsche Schilderung von Hy Breasail in Cap. XV der „Irish Folk Lore" des Lageniensis (Pseudonym für John O'Hanlon); ferner D. F. Mac Carthy, The Voyage of St. Brendan, in Dublin University Magazine, January 1848, pag. 89 ff.

[5]) Lageniensis, Irish Folk Lore, Cap. XXXII; Baring-Gould, Curious Myths of the Middle Ages, pag. 549 ff.

[6]) Als „$M\alpha\kappa\acute{\alpha}\rho\omega\nu$ $\nu\tilde{\eta}\sigma\sigma\iota$" schon bei den Griechen (vgl. Humboldt, Exam. crit., übers. von Ideler, Bd. I, pag. 48, 125); auch bei den Karthagern (Humboldt, l. c., pag. 127. 327).

der „Insula Yma",[1]) welche anfänglich als westlich von Irland liegend gedacht und erst später in die Kanarische Inselgruppe versetzt wurde.[2])

Mit diesem Glauben an ein wunderbar schönes Land im Ozean draussen verband sich schon im Anfange der christlichen Zeit in Irland die Gewohnheit der Mönche, Einsiedler zu werden. Was den Morgenländern die Wüste, das war den Insulanern des Westens das Meer. Auf den kleinen, die Westküste Irlands einrahmenden Inseln fanden die Anachoreten abgeschiedene, ihrem Hang nach Einsamkeit entsprechende Stätten zu frommer Beschaulichkeit. In gebrechlichen Booten wagten sich die muthigen Gottesmänner in den wilden Ozean hinaus, welcher ihnen in ihren schwachen Fahrzeugen doppelt grossartig und furchtbar erscheinen musste.[3]) Sie gingen sogar bis zu den Faröern.[4]) Ja bis nach Island hinauf wagten sich die kühnen Mönche am Ende

---

[1]) Prim. Vita S. Machuti, Lib. I, Cap. XVI; und Sec. Vita Cap. VII bei Fr. Plaine und A. de la Borderie, Vies inédites de Saint Malo, pag. 46 und 139.

[2]) Humboldt, Exam. crit., übers. von Ideler, Bd. I, pag. 408.

[3]) Adamnan in seiner Vita St. Columbae nennt solche Mönche und erzählt deren Abenteuer zur See, so das des St. Cormac, Lib. I, Cap. VI (Reeves' Ausgabe, pag. 30) und Lib. II, Cap. XLII (Reeves, pag. 166 ff.); ferner die des Berachus und des Baitheneus, Lib. I, Cap. XIX (Reeves, pag. 46); ein andrer dieser Einsiedler war Baitanus „cum ceteris in mari eremum quæsiturus," Lib. I, Cap. XX (Reeves, pag. 49). — Vgl. auch die hübsche Beschreibung von Ch. Kingsley, The Hermits, in Sunday Library for Household-reading, Vol. II, pag. 246 ff. und Tachet de Barneval, Histoire légendaire de l'Irlande, pag. 126 und Cap. XXII; Grub, An Eccles. Hist. of Scotland, Vol. I, pag. 55.

[4]) Dicuil (Anfang des neunten Jahrhunderts), De mensura Orbis Terrarum: „Sunt aliæ insulæ multæ in septentrionali Britanniæ oceano; duorum dierum ac noctium recta navigatione, plenis velis, assiduo feliciter vento, adiri queunt . . . . in quibus, in centum ferme annis, eremitæ ex nostra Scotia navigantes habitaverunt." Vgl. auch O'Conor, Rer. Hibern. Script. vet. Tom. II, pag. 316.

des achten Jahrhunderts.¹) Die mehr als hundert Jahre nachher folgenden Skandinavier fanden daselbst ihre Spuren.²) Auch auf den Orcaden³) hatten sie sich festgesetzt und wurden in den Sagas der Nordländer sowohl in Island, als auch da mit dem Namen der „Papæ" bezeichnet. Aber nicht bloss um in Abgeschiedenheit, fern von den Zerstreuungen der Welt, ihrem Gott zu leben wagten sich die irischen Christen auf die Wogen des Ozeans, nein, sie waren nicht nur Anachoreten, sondern auch Missionare.

Aus dieser Zeit des Zusammentreffens der Irländer und der Normannen stammt auch jene Annahme, dass selbst vor der Entdeckung Amerikas durch die Normannen (1000—1008) schon Irländer die neue Welt aufgefunden und bewohnt hätten; denn südlich von dem guten Weinlande, südlich von der Chesapeak-Bay fanden die nordischen Seefahrer eine Gegend, die „Hvítramannaland" (Weissmännerland) oder „Irland eð mikla" (Gross Irland) geheissen wurde. Es ist nun merkwürdig, dass in den nordischen Berichten nicht gesagt wird, die Seefahrer hätten das Land im Süden entdeckt und es wegen der Kleidung seiner Bewohner oder wegen der Aehnlichkeit mit dem einer ebenfalls fast südlichen Vegetation

---

¹) Dicuil, De mens. Orb. Terr.: „Trigesimus nunc annus est a quo nuntiaverunt mihi clerici qui a kl. Februarii usque kl. Augusti in illa insula (sc. Thile = Thule = Island) manserant, quod etc."

²) Landnámabok (XIII. Jahrh.): „Antequam Islandia a Norvegis inhabitaretur, ibi homines fuerunt, quos Norvegi Papas vocant, qui religionem christianam profitebantur, et ab occidente per mare advenisse creduntur, ab iis enim relicti libri Hibernici, nolæ, et litui et res adhuc plures reperiebantur, quæ indicare videbantur illos Vesimannos fuisse. Hæc inventa sunt in Papeya orientem versus et Papyli" (Uebers. von Johnstone in Antiqq. Celt-Scand., pag. 14). Vgl. O'Conor, Rer. Hibern. Script. vet. Vol. IV, pag. 140. — Ungefähr dasselbe sagen noch Islendinga Bok, Cap. I. Thordicus, De regibus veteribus Norvegicis, Cap. III (vgl. Baring-Gould, The Lives of the Saints, Vol. V, Mai 16th, pag. 218).

³) Humboldt, Exam. crit., übers. von Ideler, Bd. I, pag. 350.

sich erfreuenden Grün Erin, Weissmännerland oder Gross Irland geheissen; die Berichte sagen vielmehr, die Schiffer hätten das Land gesehen und dann angenommen, dass es das Weissmännerland oder Gross Irland sei.¹) Es muss also bei den Skandinaviern die Ansicht im Umlauf gewesen sein, Irländer hätten schon vor dem zehnten Jahr-

---

¹) Historia Thorfenni Karlsefnii (Rafn, Antiquit. Americ., pag. 84—200), Cap. XIII: Thorfinn Karlsevne fährt mit seinen Leuten vom Weinland weg, gelangt in das Holzland und sieht hier Leute: „er voru í hvítum klædum, ok báru stángir fyri sèr, ok voru festar við flíkar, ok æptu hátt, ok ætla menn, atþat hafi verit Hvítramannaland eða I'rland eð mikla." „(Homines) albis vestibus induti; hos longurios praeferre, pannis affixis, et alta voce clamare. Hanc putant esse Hvítramannaland sive Irlandiam magnam." Diese Geschichte des Thorfinn soll nach Beamish, The Discovery of America by the Northmen pag. 82 am Ende des dreizehnten oder Anfang' des vierzehnten Jahrhunderts entstanden sein. Thorfinn war von 1003—1007 in Amerika (vgl. Peschel, Geschichte der Erdkunde, pag. 79).
Das Landnámabok (Rafn, Ant. Amer. pag. 210—214) erzählt auf die Autorität eines Limerick Kaufmanns, Namens Rafn, hin, dass der isländische Häuptling Ari, der Sohn des Már á Holum und der Thorkötlu, durch einen Sturm verschlagen worden sei „til Hvítramannaland, þat kalla sumir Irland eð mikla," „ad Terram alborum hominum, quam nonnulli Irlandiam Magnam appellant," und dass er dort getauft worden sei. — Rafn von Limerick soll im Anfange des elften Jahrhunderts gelebt haben und Ari Marson im Jahre 983 von Island nach Amerika abgefahren sein (vgl. Rafn, Antiq. Amer., pag. XXXVII, und Lageniensis, Ir. Folk Lore, Cap. XV). — Eine andere Handschrift über diesen Ari Marson, bei Rafn, pag. 214, 215, berichtet endlich folgendes: „þarnæst (i. e. Vinland) ok nokkut til baka, liggr Albania, þat er Hvítramannaland; þángat var sigling úr Irlandi forðun; þar þektu ýrskir menn ok íslenzkir Ara Mársson ok Kötlu af Reykjanesi, er lengi ekki tilspurðist, ok þar var þá til höfðíngja tekinn landsmönnum." „Proxime hanc (sc. Vinlandiam Bonam) et aliquanto superius sita est Albania, id est Hvitramannalandia, quo olim ab Irlandia navigatum est; filium homines Hiberni et Islandi cognoverunt Arium Maris et Katlæ filium ab Reykjaneso, de quo fama longo tempore exierat nulla, quique tum ab terræ incolis præfectus fuerat constitutus." Ja ein andrer Norweger, Gudleif der Sohn

hundert im Westen des Atlantischen Ozeans einen Landstrich bewohnt. Verschiedene Gelehrte, z. B. Mac Carthy,[1]) Rafn,[2]) Beamish,[3]) O'Hanlon[4]) nehmen es nun auch als ausgemacht an, die Irländer hätten vor allen andern Europäern das Verdienst, zuerst die neue Welt entdeckt und kolonisirt zu haben, zum Theil auch gestützt auf die Ueberlieferung der Shawanese Indianer, Florida sei in früherer Zeit von einem weissen Volke mit eisernen Instrumenten bewohnt gewesen,[5]) während wieder andere Forscher, die sich mit diesem Gegenstand beschäftigen, z. B. Mallet[6]) und O'Hanlon[7]) (allerdings nicht in seinen Leben der irischen Heiligen) nur die nordischen Quellen anführen, ohne soweit gehende Konsequenzen zu ziehen wie die Vorigen. Baring-Gould endlich nimmt in seinem Buche „Curious Myths of the Middle-Ages", pag. 549—552 an, der Glaube der Irländer an eine Insel der Seligen habe auch in der skandinavischen Mythologie Eingang gefunden und die Bezeichnungen Hvítramannaland und Irland ed mikla seien nur die nordischen Benennungen für das aus Irland übernommene Land der Seligen. Sind wir nun vielleicht berechtigt, aus Geschichte und Mythologie uns die Vorstellung zu bilden, dass die skandinavischen Seefahrer, bekannt und vertraut mit dem irischen Glauben an ein Land

---

des Gudloeg, fand sogar, als er in das Weissmännerland kam, bei seinen Bewohnern eine der irischen ähnliche Sprache vor: „þeir kendu engan mann, en helzt þotti þeim, sem þeir mælti írsku." „Incolarum neminem cognoverunt, eos vero lingua potissimum Irica (Hibernica) uti putarunt." (De Gudleio Gudloegi Filio, Rafn, Antiq. Amer., pag. 247).

[1]) The Voyage of Saint Brendan, Dublin University Magazine, Jan. 1848, pag. 89 ff.
[2]) Ant. Amer., pag. XXXVII und 447—451.
[3]) The Discovery of America by the Northmen, pag. 210 u. 211.
[4]) Lives of the Irish Saints, Vol. V, pag. 470.
[5]) Schoolcraft, Indian Tribes of the United States, Part. I, pag. 19.
[6]) Northern Antiquities, in Bohn's Antiquarian Library, Vol. XXXII, pag. 266.
[7]) Lageniensis, Irish Folk Lore, Cap. XV.

der Glückseligkeit in den westlichen Regionen, das sie in ihrer Muttersprache Weissmännerland oder Gross Irland genannt haben mögen, als sie die üppigen Gefilde Virginiens mit ihren weissgekleideten Bewohnern sahen, wirklich glaubten, das irdische Paradies der irischen Mythologie gefunden zu haben?

Den Forschern, welche wirklich an eine irische Kolonie in Amerika des zehnten Jahrhunderts glauben, musste nun die Annahme nahe liegen, dass der berühmte Seefahrer Brendan auf seiner Meerfahrt bis nach der neuen Welt gekommen sei, zumal da in der Beschreibung seiner Reise deutlich und anschaulich südliche Landschaften mit ihrer Flora und Fauna geschildert werden. Wir wollen uns darauf beschränken anzunehmen, unser Mönch habe, wie so viele seiner Zeitgenossen, sich in einem der an der Westküste gebräuchlichen Curach dem Ozean anvertraut. Wie weit der kühne Abenteurer aber gekommen und was für Inseln er besucht, wird gewiss schwer zu bestimmen sein. Aus altirischen mythologischen Zügen, aus den in Irland so verbreiteten Schiffermärchen, aus den Berichten der irischen Eremiten und Missionare und der von dem fernen Westen heimkehrenden skandinavischen Schiffern, aus Reminiscenzen an das klassische Alterthum, von welchem bei jener vom fünften bis neunten Jahrhunderte dauernden Blüthezeit Irlands jedenfalls nicht geringe Kenntnisse auf der Insel vorhanden waren, aus christlichen Legenden mit ihrem unerschütterlichen Gottvertrauen setzt sich unsere Brendanus-Legende zusammen, welche allein von allen irischen Imrama in lateinischem Gewande eine so grosse Verbreitung und Bedeutung in der Literatur des Mittelalters gewonnen. —

Wollte man die oben angeführten irischen Schiffermärchen in zwei Gruppen theilen, je nach den in ihnen sich findenden christlichen Anschauungen, so wäre der Imram des Bran Mac Febuil der ausgesprochene Repräsentant der heidnischen, der Imram des Brendan der Hauptvertreter der christlichen Gruppe. Dem Imram Brain Meic Febuil am nächsten würde der Imram Mailduin stehen. In ihm spielen kirchliche Verhältnisse keine grosse Rolle: von den vierunddreissig verschiedenen Abenteuern sind nur fünf von specifisch christlichem Charakter. Mehr tritt das Christenthum schon in der Reise der Söhne des Ua Corra hervor. Die drei Brüder sind Kirchenschänder und Mörder geistlicher Männer. Zur Sühnung ihrer Unthaten unternehmen sie eine Pilgerfahrt auf dem Atlantischen Ozeane. Drei geistliche Würdenträger: ein Bischof, ein Priester und ein Diakon begleiten sie auf ihrer Reise. Geistliche sind die beiden Helden des Imram Snedhghusa 7 Meic Riagla und dem entsprechend haben auch einige ihrer Abenteuer einen kirchlichen Anstrich.

Es sei hier noch eine kurze Sage erwähnt, die bei den Imrama nicht aufgeführt wird und doch den Charakter dieser Sagengruppe an sich trägt. Es ist dies das Stück: „Triar mac-clerech do fheraib hErend dochotar inna n-ailithre", „Drei Geistliche von den Männern Irlands, welche auf ihre Pilgerfahrt gingen."[1]) Diese kurze Erzählung erinnert recht an die oben erwähnten Einsiedler im Meere: Drei Geistliche aus Irland überlassen sich in einem Boote der Führung Christi. Sie nehmen nur drei Brote und ein Kätzchen mit sich. Bald gelangen sie zu einer schönen Insel, wohl versehen mit Wasser und Brennholz. Sie beschliessen, eine Kirche zu bauen auf dem Eilande. Das Kätzchen fängt Lachse zu ihrem Unterhalte. Die Männer aber widmen sich durch Singen von Psalmen, Gebeten und Hymnen ganz dem Dienste Gottes. Zwei von den Eremiten sterben im Laufe der Zeit, der dritte aber bleibt auf der Insel, wo ihn Brendan trifft, ihm das Abendmahl reicht gerade vor seinem Tode und dann bei seiner Heimkehr die Geschichte der drei Geistlichen erzählt.

---

[1]) Book of Leinster, pag. 283ª.

Was nun die Brendanus-Legende selbst betrifft, so ist zu bemerken, dass dieselbe in irischer Form ganz anders aussieht als in lateinischer, in welcher sie Aufnahme gefunden in der Literatur des Mittelalters. — Die Geschichte von Brendan, wie sie uns vorliegt in dem aus dem fünfzehnten Jahrhundert stammenden Buche von Lismore,[1]) enthält zuerst eine Biographie unseres Heiligen. Dieselbe giebt zu keinen besonderen Bemerkungen Veranlassung, da sie im Grossen und Ganzen dasselbe sagt, wie die bei Moran, Acta Sancti Brendani, pag. 1 ff herausgegebene lateinische Vita[2]). Gross und bedeutend werden die Verschiedenheiten erst mit dem Beginne der Meerfahrt. In beiden Versionen wird Brendan zu dieser angeregt nach seiner Ordination zum Priester durch Bischof Erc[3]). Während aber die lateinische Vita die gewöhnliche „Navigatio Sancti Brendani", wenn auch in verstümmelter Form aufgenommen hat, so geht unser irischer Text seine eigenen Wege. Bei der Ordination macht das Bibelwort: „Et omnis, qui reliquerit domum vel fratres aut sorores, aut patrem aut matrem, aut uxorem aut filios, aut agros propter nomen meum, centuplum accipiet et vitam

---

[1]) Die drei anderen in Dublin befindlichen Handschriften Stowe Ms. No. XXXVI (geschrieben 1627), R. I. A. 23. L. 11 (geschrieben 1780) und R. I. A. 23. G. 25 (O'Longan's Ir. Mss. Vol. VI, pag. 150—170, geschrieben 1816) gehen auf dieselbe Quelle zurück. Eine andere Handschrift findet sich noch im British Museum Egerton Ms. 91. Es giebt noch zwei irische Mss. über Brendan in Brüssel, von denen das eine, wie Whitley Stokes die Güte hat mir mitzutheilen (XI, No. 4190, 4200, Fol. 217—256) ungefähr den gleichen Text bietet, wie das Buch von Lismore, während die andere Handschrift (Vol. IV, No. 2324—2340, Part. I, Fol. 73ᵃ) eine andere Version giebt. Ist es wohl diese, die Forbes, Kalendars of Scottish Saints in der Alphabetical List unter dem Artikel „Brandan" mittheilt?

[2]) Brendans Geburt und die ihr vorangehenden Wunder werden auch für sich allein im Buch von Leinster, pag. 371ᵃ, erzählt.

[3]) Vita S. Brend., Cap. XI. — R. I. A. 23. L. 11, bricht mit der Ordination Brendans in der Erzählung ab und kommt für die Meerfahrt somit nicht mehr in Betracht.

æternam possidebit" (Mat. XIX, 29),[1]) einen so grossen Eindruck auf Brendan, dass er sich sehnt, sein Heimathland und seine Angehörigen zu verlassen und Gott inbrünstig anfleht, er möge ihm das verborgene, schöne, ausser dem Bereiche der Menschen liegende Land zeigen. In der Nacht erscheint dem schlafenden Brendan ein Engel, welcher ihm die tröstenden Worte zuruft: „Erhebe dich, Brendan, Gott will deine Bitte erfüllen und dir das Land der Verheissung zeigen." Brendan erhebt sich erfreut über das ihm gewordene Versprechen und geht in die heimathlichen Berge und von einem derselben kann er ferne im Meere draussen die herrliche Insel, besucht von den Engeln des Himmels, wahrnehmen.[2]) Drei Tage bleibt er auf dem Berge. Im Traume aber spricht wieder der Engel des Herrn zu ihm, dass die Engel jener Insel, die er gesehen, immer in seiner Begleitung sein und ihm das Land seiner Sehnsucht erklären werden. Brendan weint vor Freude über diese frohe Botschaft und dankt Gott inbrünstig dafür. Er geht darauf wieder zurück in sein Kloster und befiehlt seinen Leuten, drei grosse Schiffe zu bauen und jedes Schiff mit drei Reihen Rudern und drei Segeln auszurüsten und in jedem Schiff sollen dreissig Männer fahren; doch erlaubt er nicht allen den Insassen des Klosters mitzukommen. „Es segelte nun Brendan, der Sohn des Finnlug, auf dem Wogengebrause des rothmähnigen (starkmähnigen?) Meeres und auf der stürmischen See der grünseitigen Wellen und auf der Fläche des wunderbaren, sehr furcht-

---

[1]) Der irische Verfasser hat obige Stelle offenbar aus dem Gedächtniss zitirt und deshalb nicht ganz korrekt wiedergegeben: „Qui reliquit patrem aut et matrem aut sororem aut agros centuplum in presenti accipiat in vitam eternam possidebit."

[2]) Es ist der Glaube unter den Bewohnern der Westküste Irlands, dass draussen im Meere manchmal eine wunderbar schöne Insel gesehen werde; vgl. Lageniensis, Irish Folk Lore, Cap. XV und XXXII, sowie Hall, Ireland, its Scenery etc. Vol. III, pag. 436 ff. Anmerkung.

baren, rauhen Ozeans, wo sie eine Menge rothschnauziger Meerbestien sahen." So fahren sie fünf Jahre auf der See, ohne einen Menschen anzutreffen und ohne Nahrung, denn Brendan, im Vertrauen auf Gottes Allmacht, hatte seinen Genossen verboten, Speise und Trank mitzunehmen. Als zur Zeit des Osterfestes Brendans Gefährten an's Land steuern wollen, um das Fest zu begehen, da verbietet ihnen dies Brendan, da Gott im Stande sei, überall ihnen einen festen Grund zu schaffen, und siehe, ein Wallfisch erhebt sich aus den Fluthen des Meeres und auf seinem breiten Rücken feiern die Seefahrer Ostern sieben Male; denn jedesmal, wenn das Fest der Auferstehung Christi heranrückte, ist auch der Wallfisch zur Stelle.

Ein furchtbarer Sturm überrascht sie ein ander Mal, aber Brendan beschwichtigt durch seine Worte die empörten Fluthen, indem er voll Aufopferung dieselben auffordert, nur ihn allein zu verschlingen und seine Gefährten unversehrt zu lassen.

Zur Zeit von Maria Himmelfahrt zeigt sich der Teufel in hässlicher Gestalt auf dem Maste von Brendans Schiff, wird aber nur von dem Heiligen selbst gesehen. Auf die Frage Brendans, was er hier zu thun habe, antwortet der Höllenfürst, er gehe, um seine Peinigungen aufzusuchen in der Hölle. Brendan verlangt die Stätte der Verdammniss zu sehen. Der Satan führt ihn an die Pforten der Hölle und in langer ausführlicher Beschreibung werden die Schrecknisse der Unterwelt erzählt und ausgemalt[1]). Die Gefährten des Brendan wundern sich, mit wem er rede. Er erzählt ihnen darauf einen Theil von dem was er gesehen in der Hölle. Einen von Brendans Begleitern treibt die Neugierde, auch etwas

---

[1]) Aehnliche Beschreibungen der Hölle auch in „Fís Adamnain", Ir. Texte I, pag. 191, und in „Tidings of Doomsday", Rev. Celt. Vol. IV, pag. 252. Vgl auch einige der Erzählungen in Wright, St. Patrick's Purgatory.

von den Qualen der Unterwelt zu sehen. Wie er aber deren Eingange sich nähert, so stirbt er augenblicklich und wird erst durch das Gebet des Brendan wieder zum Leben zurückgebracht.

Ein ander Mal treffen sie ein schönes, blondhaariges Mädchen, weisser als Schnee oder Wogenschaum, aber von übernatürlicher Grösse. Hundert Fuss hoch ist sie, die Entfernung zwischen ihren beiden Brüsten beträgt neun Fuss, ihr Mittelfinger ist sieben Fuss lang. Leblos liegt sie da von einem Speer durchbohrt. Brendan ruft sie in's Leben zurück und tauft sie. Das Mädchen verkündet dem Heiligen, sie gehöre den Bewohnern des Meeres an, welche auf Erlösung hoffen. Auf Brendans Frage, ob sie lieber direkt in den Himmel gehen oder zu den Ihrigen zurückkehren wolle, zieht sie vor, in die ewige Seligkeit einzugehen. Nach Genuss des Abendmahles haucht die kaum zum Leben Erweckte wieder ihren Geist aus.

Eines andern Tages taucht eine schöne, hohe Insel vor ihnen auf, geziert mit einer stattlichen Kirche, und sie hören Menschenstimmen Gott loben. Allein trotz zwölftägigen Suchens können die Seefahrer keinen Landungsplatz finden; der Gesang der Insulaner aber wiegt sie alle in Schlaf ein. Von der Insel wird ihnen nun eine Wachstafel zugeworfen, auf welcher die Worte eingegraben sind, sie sollen sich keine Mühe geben, auf die Insel zu kommen, da sie dieselbe doch nie besteigen können, doch würden sie eine Insel im Westen finden; vorderhand aber sollen sie jetzt nach Hause fahren, denn die zurückgebliebenen Mönche sehnen sich nach ihnen; zu Hause aber solle dann Brendan die heiligen Schriften durchforschen, „quibus dictum est: ‚Mansionis Dei multi sunt'." Die Seefahrer wenden sich dem entsprechend von der Insel ab und nehmen die Wachstafel als ein Andenken mit sich.

Sie fahren weiter auf dem Ozean und werden von einem heftigen Durste geplagt. Plötzlich entdecken sie eine klare

Quelle, aus einem Steine hervorsprudelnd [1]). Noch lässt Brendan aber sie das köstliche Nass nicht kosten, er will den Quell zuerst segnen, um zu erfahren, wem er seinen Ursprung verdanke. Wie berechtigt diese Vorsichtsmassregel war, zeigt sich sofort: Der Quell versiegt, sobald Brendan die heilige Handlung vornimmt, und sie sehen, dass das Wasser ein Werk des Teufels gewesen. Ihren Durst verlieren sie darauf von selbst.

Nach siebenjähriger Meerfahrt kehrt Brendan wieder in sein Vaterland zurück, wird, wie es ihm auf jener Insel vorausgesagt worden war, von seinen Leuten herzlich willkommen geheissen und thut verschiedene Wunder. Er begiebt sich auch zu Bischof Erc und zu seiner Erzieherin Ita, die ihn mit derselben Freude und Ehrerbietung empfängt, mit der sie Christus und seine Jünger empfangen hätte. Sie frägt ihn über seine Meerfahrt, tadelt ihn aber, dass er das Abenteuer ohne ihren Rath gewagt habe, er werde das Land der Verheissung nicht finden können in seiner sterblichen, hinfälligen Hülle, denn es sei ein heiliges, geweihtes Land, in welchem nie Menschenblut vergossen worden sei, allerdings liege es im Bereiche der Möglichkeit, dass es ihm vergönnt sei, das Land zu erreichen, doch müsse er für die Fahrt hölzerne Schiffe machen lassen.

Brendan geht darauf nach Connaught und lässt ein schönes, geräumiges Schiff bauen und wohl verproviantiren mit Kräutern und Samen. Unter den Leuten, welche mit Brendan das Fahrzeug besteigen, befindet sich auch der Zimmermann, der das Schiff gebaut hat, sowie ein Schmied. Der Kreuzträger [2]) fleht Brendan auf den Knieen, auch mit-

---

[1]) Sie müssen also wohl auf einer Insel sein. Der Text sagt nichts davon, wie denn überhaupt die Beschreibung des landschaftlichen Hintergrundes vor der Erzählung der Abenteuer in vorliegender Fassung der Legende bedeutend zurücktritt.

[2]) Ir. „crosan". Todd, St. Patrick, pag. 459, Note 1, giebt „crosan" mit „cross-bearer" wieder. Ein Crosan begleitet auch die Ua Corra auf ihrer Fahrt.

zudürfen und sechzig an der Zahl fahren sie hinaus auf den Ozean. Zuerst aber machen sie einen Halt auf der Insel Aran und bleiben dort bei dem Abte St. Enda einen Monat lang. Dann aber verlassen sie Aran und fahren gegen Westen. Bald erreichen sie eine schöne Insel, deren Strand aber voll Meerkatzen [1]) ist, welche die Wanderer zu verschlingen drohen. Aber Brendan fordert den Kreuzträger auf, sich für sie alle zu opfern und sich den Meerkatzen als Speise zu bieten; er werde dann sofort in den Himmel kommen, schon höre er die Engelschöre, welche ihn rufen. Mit Freuden geht der fromme Mann, nachdem er das Abendmahl genommen, für seine Gefährten in den Tod. Er wird von den Meerkatzen aufgefressen, nur einige wenige Knochen können von seinen dankbaren Freunden beerdigt werden.

Kurz darauf wird der Schmied sterbenskrank. Brendan frägt ihn, ob er genesen oder in die himmlischen Freuden eingehen wolle. Auch der Schmied zieht, wie früher das Meermädchen, den Tod weiterem Leben vor, da er den Herrn ihn rufen höre [2]). Da kein Land in der Nähe ist, so sind die Seefahrer gezwungen, ihren dahingeschiedenen Kameraden den Fluthen des Meeres anzuvertrauen. Aber wunderbar, ruhig liegt der Leichnam in seinem nassen Grabe, ohne unterzusinken, ohne an die Oberfläche zu steigen, ohne fortzuschwimmen.

Auf einer andern Insel sehen sie eine Menge kohlschwarzer, zwergartiger Dämonen. Die Wanderer wagen keinen Kampf mit ihnen, sondern werfen vor der Insel Anker, müssen aber diesen, da er sich zwischen Steinen festgeklemmt hat, beim Weiterfahren zurücklassen.

---

[1]) Ir. „murcata". Was für Thiere damit gemeint sind, ist mir unklar. Der später erwähnten Erzählung eines Eremiten zu Folge wuchs seine kleine Katze im Laufe der Zeit zu einer furchtbaren murcat heran. Dürfen wir vielleicht an Seelöwen erinnern?

[2]) Ueber solche Aufopferung und freiwilliges Sterben nach der Taufe innerhalb des Christenthums, vgl. Todd, St. Patrick, pag. 459.

Sie sind nun in grosser Verlegenheit, da der Schmied, der einen neuen Anker hätte machen sollen, todt ist. Aber Brendan fordert den Priester auf, die Arbeit des Schmieds zu thun und wirklich ist der Mann Gottes, dessen Hände für das ihnen ungewohnte Werk von Brendan gesegnet werden, im Stande, nach einem Monat einen ausgezeichneten Anker zu liefern.

Nach längerem Fahren gegen Westen erreicht das Schiff eine kleine aber schöne Insel mit vielen fischreichen Buchten. Sie fahren um die Insel herum und sehen eine steinerne Kirche auf derselben und in derselben einen alten Mann ohne Fleisch und Blut, nur dünnes Leder bedeckt seine Knochen. Er räth dem Brendan sofort zu fliehen, wenn er nicht einer ungeheueren Meerkatze von der Grösse eines Ochsen oder Pferdes zum Opfer fallen wolle. Die Mönche lassen sich diese Warnung nicht zweimal sagen, sondern begeben sich schleunigst auf ihr Schiff und fahren davon. Es war auch die höchste Zeit für sie zu fliehen; denn hinter ihnen her schwimmt die entsetzliche Meerkatze. Aber auf das Gebet Brendans und seiner Gefährten hin taucht plötzlich ein Wallfisch auf, greift die Meerkatze an und verschwindet mit ihr in der Tiefe des Meeres.

Mit dankerfülltem Herzen kehren die Wanderer wieder zur Insel und dem alten Manne zurück, der sie mit Freuden empfängt und ihnen erzählt, er stamme aus Irland und sei einst auf einer Pilgerfahrt selb zwölft auf dieser Insel gelandet. Die entsetzliche Meerkatze hätten sie damals als junges Kätzchen mitgenommen, das aber allmählich zu diesem Ungeheuer herangewachsen sei, ohne aber einem von ihnen je ein Leides zu thun. Im Laufe der Zeit seien aber seine elf Gefährten gestorben, er selbst habe nur auf Brendan gewartet, um aus dessen Hand das heilige Abendmahl zu empfangen und dann zu sterben.[1]

---

[1] Man wird bei dieser Erzählung des alten Mannes unwillkürlich an die oben erwähnte Erzählung der drei Geistlichen mit ihrer

Der alte Mann zeigt ihnen dann das Land der Verheissung, das sie aufsuchen wollen, stirbt nach dem Genusse des heiligen Abendmahls und wird an der Seite seiner Brüder mit grossen Ehren begraben.

Sieben Jahre ist nun Brendan mit seinen Leuten wieder auf dem Ozean und nach Verlauf dieser Zeit erreichen sie endlich das Ziel ihrer Sehnsucht: das Land der Verheissung. Als sie an demselben nach einem Hafen für ihr Schiff suchen, hören sie die Stimme eines alten Mannes, der sie willkommen heisst in dem Paradiese und sie einladet, dasselbe zu betreten. Mit grossem Wortaufwande und breiter Umständlichkeit wird die Herrlichkeit des Paradieses beschrieben.[1]) Der alte Mann, der die glückselige Insel bewohnt, ist unbekleidet, aber blendendweisse Federn, ähnlich dem Gefieder einer Taube oder Möve, hüllen seinen Körper ein und engelgleich ist die Sprache seines Mundes.

Die Erzählung von Brendan bricht hier plötzlich ab und es wird ganz unmotivirt der Schluss der Fís Adamnáin[2]) an unsere Legende angefügt.

Die Fís Adamnáin ist nach Windisch, Ir. Texte I, pag. 167, von hohem Alter und möglicher Weise aus dem neunten oder zehnten Jahrhundert stammend. Für uns ist gerade der, an die Brendanus-Legende angefügte Theil der

---

Katze erinnert, von denen ja auch einer kurz vor dem Tode von Brendan aufgefunden wird.

[1]) Solche langathmige Beschreibungen des Paradieses finden sich auch sonst noch in der irischen Literatur, vgl. z. B. „Tidings of Doomsday", Rev. Celt. Vol. IV, pag. 257 und „Fís Adamnáin", Ir. Texte I, No. VII, Cap. IV—XXI.

[2]) Windisch, Ir. Texte I, No. VII. Die Uebereinstimmung mit dem Texte des Buches von Lismore beginnt pag. 193, Zeile 10, und zwar stimmt das Buch von Lismore mit dem Leabhar na hUidhre bis pag. 195, Zeile 6; der Schluss aber mit dem Leabhar Breacc von pag. 195, Zeile 20 an. Dem Buch von Lismore lag also weder das Leabhar na hUidhre, noch das Leabhar Breacc, sondern ein dritter Text vor.

Vision deshalb nicht uninteressant, weil er einen Zug aufweist, der auch in dem Imram Snedhghusa und Meic Riagla sich findet. In der Fís Adamnáin, Cap. XXXIII, erzählt Eli unter dem Baume des Lebens im Paradies den Seelen der Gerechten, welche in der Gestalt von blendendweissen Vögeln ihn umgeben, zuerst die Belohnungen der guten Seelen und die Freuden des himmlischen Königreiches, dann sind die Vögel vergnügt; darauf aber schildert er ihnen die Qualen der Sünderseelen und die Schrecknisse der Hölle. Wenn er seine Predigt beendigt, so erheben die Vögel laute Wehklagen und schlagen ihre Flügel so heftig gegen den Körper, aus Furcht vor der Hölle und dem Tage des Gerichts, dass Ströme Blutes ihren Leibern entfliessen. In dem Imram Snedhghusa 7 Meic Riagla ist es ein Vogel, der den beiden Mönchen und den sie umgebenden Vögeln von der Geburt Christi, von der Jungfrau Maria, von Christi Leiden, seiner Auferstehung und von den Ereignissen am jüngsten Gericht erzählt; auch hier machen die Vögel durch Schlagen ihrer Flügel, dass Blut fliesst, ihrem Schrecken Luft.[1]

Unsere irische Meerfahrt Brendans hat einen ausserordentlich selbstständigen Charakter und hat weder viele Anklänge an die lateinische Navigatio, noch an die anderen

---

[1] Rev. Celt. Vol. IX, pag. 20. — Die Seelen der Verstorbenen in Vogelgestalt auftreten zu lassen, ist nicht ungewöhnlich bei den Iren, vgl. Rev. Celt. Vol. II, pag. 200. Im Imram Ua Corra erscheint die Seele des verstorbenen Kreuzträgers seinen trauernden Gefährten in der Gestalt eines Vogels (Book of Fermoy, pag. 172b); von Seelen verstorbener Heiliger wird ein Priester auf einer Insel umflattert (Book of Fermoy, pag. 173b). Die Seele eines Weibes erscheint als Vogel den Ua Corras und ihren Leuter. (Book of Fermoy, pag. 174a), der ihnen von anderen Seelen erzählt, die am Sonntag als Vögel aus der Hölle dürfen (Book of Fermoy, pag. 174b). — Aehnliches findet sich auch im Imram Mailduin. Hier wird ebenfalls ein Einsiedler von Vögeln, welche die Seelen seiner Verwandten sind, umgeben (Leabhar na hUidhre, pag. 25b). — Vgl über diesen hübschen Glauben Grimms Deutsche Mythologie, 2. Aufl., pag. 690 ff.

irischen Imrama. Allerdings haben die irische und die lateinische Legende einige gemeinsame Züge, welche im Folgenden kurz angegeben werden sollen:

In beiden Versionen der Sage geht Brendan, bevor er seine Meerfahrt antritt, nach Hause, also an die Westküste von Kerry, und weilt eine Zeit lang auf einem der heimathlichen Berge.[1]) Die Sehnsucht nach dem Westen, welche auch den Brendan auf dem Gipfel des, eine weite Aussicht auf das Meer bietenden Berges ergriffen haben wird, ist sehr schön als das Motiv zur Seefahrt in dem Imram Ua Corra angegeben. Vom Ufer aus betrachten die drei Söhne des Ua Corra die untergehende Sonne, sie wundern sich über ihren Lauf und wollen gern wissen, wohin sie gehe, wenn sie unter das Meer versinke.[2])

Gemeinsam ist beiden Fassungen die berühmte Geschichte vom Wallfische, auf welchem Brendan mit seinen Gefährten Ostern feiert. Dass das Seeungethüm, im Lateinischen „Jasconius" genannt, wirklich als ein Wallfisch gedacht wurde und nicht wie Thomas Wright[3]) und O'Hanlon[4]) denken als der Craken der nordischen Mythologie, geht daraus hervor, dass in dem irischen Brendan der grosse Fisch „míl mór" genannt wird, mit welchen Worten, die ja eigentlich nur „grosses Thier" bedeuten, eben der Wallfisch, lateinisch „cetus" bezeichnet wird. In der Navigatio wird diesem Seeungethüm die Eigenthümlichkeit angedichtet, es „querit semper, suam caudam ut simul jungat suo capiti et non potest pre longitudine."[5]) Ein Anklang daran findet sich auch in dem mitteldeutschen Gedichte, wo es Vers 1428—1434 heisst:

---

[1]) Dieser Berg ist gewiss der nördlich von Dingle liegende Brandon Hill, vgl. O'Hanlon, Lives of the Ir. Saints, Vol. V, pag. 414.

[2]) Book of Fermoy, pag. 171 a b.

[3]) St. Brandan, Publicat. of the Percy Society, Vol. XIV, Notes, pag. 59.

[4]) Lives of the Irish Saints, Vol. V, pag. 419. Vgl. Schröder, St. Brandan, pag. 40.

[5]) Schröder, Sanct Brand., pag. 11, Zeile 12.

„Der visch drî tage vor in vlôz,
den zagel wante er zû dem munde.
in sô getâner stunde
vluzzen sie vierzên nahte zît,
als uns daz bûch vergît,
in des visches ringe mit nôt.
dicke was in nâ der tôt." [1])

Charles Kingsley glaubt dabei an die die Welt umspannende Midgardschlange erinnern zu dürfen. [2]) — Diese Episode mit dem Wallfisch ist wohl eine der bekanntesten aus der Brendanus-Legende. Auf sie wird angespielt in Rodulfus Glabers Historia sui temporis, Lib. II, Cap. II, wo das Meerungeheuer „cetus" oder „bellua" genannt wird. Auch dem Verfasser der Dichtung über die charakteristischen Tugenden irischer Heiliger hat aus dem ganzen Leben Brendans das Abenteuer mit dem Wallfisch den grössten Eindruck gemacht, wie die schon oben pag. 14 erwähnte Strophe aus Cumin Coindires Gedicht beweist. Auf einem Wallfische reitend begegnet Brendan nach einer andern irischen Legende dem heiligen Barrius auf dem Meere. [3]) Die Geschichte von dem Wallfisch ist auch in die St. Machutes-Legende übergegangen [4]) und ebenso findet sie sich, wie allbekannt, unter den Abenteuern Sindbads des Seefahrers. [5]) Gründe, gestützt auf den Namen des Meerthieres in der Navigatio, der „Jasconius" lautet und zweifelsohne von dem irischen „iasc", „Fisch" herkommt, sowie auf der Annahme, dass den Irländern, welche, wie wir oben gesehen haben, schon frühe weit in den Norden hinaufgekommen waren, der Wallfisch bekannter sein

---

[1]) Schröder, Sanct Brandan, pag. 82.
[2]) The Hermits, Sunday Library for Household-reading, Vol. II, pag. 257.
[3]) Act. Sanct. Boll. 1. März. St. David.
[4]) Plaine et de la Borderie, Vies inédites de Saint Malo, pag. 52 und 144.
[5]) Tausendundeine Nacht, 74. und 75. Nacht.

musste,¹) als den in den südlichen Meeren herumfahrenden Arabern, berechtigen uns gewiss zu der Annahme, die Wallfischgeschichte sei aus dem Westen nach dem Osten gekommen und nicht umgekehrt,²) wenn auch nicht geläugnet werden kann, dass die Hebräer, wie aus Gen. I, 21, wo „cete grandia", oder Psal. CIII, 26, wo ein „Draco", der im Meere lebt, oder Iob, LX, 20, wo der „Leviathan" erwähnt wird, oder besonders aus der Jonasgeschichte hervorzugehen scheint, vielleicht den Wallfisch gekannt haben. Als Vermittler des Abend- und Morgenlandes wird dabei der arabische Geograph Edrîsî angenommen, der sein Werk über Afrika und Spanien am Hofe des normannischen Königs Rogers II. von Sizilien im Jahre 1154 verfasste. — Es ist etwas auffallend, dass in den anderen irischen Imrama, welche doch sonst viele mit der Brendanus-Legende verwandte Züge aufweisen, gerade keine Spur von dem berühmten Wallfisch sich findet. Dagegen wird auch in dem nach einem lateinischen Vorbilde gearbeiteten angelsächsischen Physiologus³) erwähnt, der Wallfisch werde von den Seefahrern als Insel angesehen und versinke dann plötzlich, wenn die ahnungslosen Wanderer auf seinem Rücken ein Feuer anzünden.

Eine allerdings etwas entfernte Verwandtschaft zwischen der irischen und lateinischen Darstellung besteht allenfalls in dem Tode des Mönches an den Pforten der Hölle.⁴)

Ein ganz eigenthümlicher Zug, den der irische Brendan nicht nur mit der lateinischen Legende, sondern auch mit der Erzählung von Maildun gemeinsam hat, ist der, dass Brendan beinahe wider seinen Willen, nachdem schon alles

---

¹) Adamnan in seiner Vita St. Columbæ, Lib. I, Cap. XIX (Reeves, pag. 48, 49) erwähnt auch, welchen Schrecken ein Wallfisch den Schiffern einjagen konnte.
²) Schröder, Sanct Brandan, pag. XII. Th. Wright, St. Brandan, Publicat. of the Percy Society, Vol. XIV, Preface.
³) Ebert, Allgem. Gesch. d. Lit. d. Mittelalt., Bd. III, pag. 77. — Grein, Bibl. d. ags. Poesie, Bd. I, pag. 235.
⁴) Schröder, Sanct Brandan, pag. 29, Zeile 10—29.

zur Abfahrt bereit ist, noch eine oder mehrere Persönlichkeiten auf deren inständige Bitten hin zu sich in das Schiff aufnimmt und dass die so Nachkommenden nicht mehr mit den Uebrigen in das Heimathland zurückkehren. In dem irischen Texte wird der Crosan, der Kreuzträger, nachträglich noch zur Mitfahrt zugelassen: er ist auch der Erste, der einen allerdings höchst ehrenvollen Tod findet. In der lateinischen Legende wissen drei Mönche die Aufnahme in das Schiff zu erbitten;[1]) aber zwei dieser Nachzügler gehen zu Grunde; der erste stirbt in Folge eines Diebstahles,[2]) der andere fährt direkt zur Hölle;[3]) den dritten jedoch erwartet ein besseres Loos, ihm ist es vergönnt, auf der Insel der drei Chöre zu bleiben.[4]) Im Imram Curaig Mailduin schwimmen die drei Pflegebrüder Mailduns dem Boote sogar nach, um an dessen Bord zu kommen.[5]) Auch sie sehen ihr Vaterland nicht mehr wieder. Der erste der drei Brüder wird auf einer Insel von einer Katze getödtet, aus deren Palaste er eine Halskette gestohlen;[6]) der zweite bleibt wehklagend auf der Insel der jammernden Leute,[7]) der dritte endlich lachend unter der fröhlichen Gesellschaft einer andern Insel.[8])

Ferner ist der irischen und lateinischen Legende gemeinsam der Besuch Brendans bei St. Enda[9]) auf der Insel

---

[1]) Schröder, Sanct Brandan, pag. 6, Zeile 25.
[2]) Schröder, S. Brand., pag. 8, Zeile 22.
[3]) Schröder, S. Brand., pag. 29, Zeile 16.
[4]) Schröder, S. Brand., pag. 24, Zeile 22.
[5]) Ms. Harl. No. 5280, Fol. 2ª.
[6]) Leabhar na hUidhre, pag. 23ᵇ.
[7]) Leabhar na hUidhre, pag. 24ª⁺ᵇ.
[8]) Ms. Harl. No. 5280, Fol. 9ᵇ. — Diese Irseln des Weinens und der Freude finden sich auch im Imram curaig Ua Corra (Book of Fermoy, pag. 172ª⁺ᵇ, pag. 172ᵇ) und auf beiden Inseln bleibt je einer von Ua Corras Leuten zurück.
[9]) St. Enda lebte im sechsten Jahrhundert; sein Gedächtnisstag ist der 21. März.

Aran. Es ist begreiflich, dass Brendan gerade bei diesem Heiligen nähere Auskunft für seine Entdeckungsfahrt erholen will, da eben die Insel Aran dem glückseligen Eilande am nächsten gelegen sein soll und letzteres von ersterer aus sogar manchmal gesehen werden kann.[1]

Recht in die eremiten-freundliche Zeit gehören die in dem irischen, dem lateinischen, sowie in den beiden vollständigsten Imrama, dem der Ua Corra und dem des Maildun uns entgegentretenden Besuche bei Einsiedlern auf einsamen Inseln. Im Buch von Lismore ist der Einsiedler, den Brendan trifft, ein uralter Mann, nur noch aus einem mit einer lederzähen Haut bedeckten Gerippe bestehend. Selbst das Paradies ist von einem alten Manne bewohnt, der keine Kleider trägt, sondern wie eine Taube oder Möve in schneeweisse Federn eingehüllt ist. In der lateinischen Legende wird der auf den Inseln um Irland herum weilende Einsiedlerstand durch Paulus vertreten. Er kommt von Irland wie der erste Eremit des Buches von Lismore, auch er trägt keine Kleider, diese werden durch dichte, weisse Haare ersetzt. Nach siebentägiger Fahrt landete er einst auf dem Felsen. Eine Otter bringt ihm Gras und Zweige um ein Feuer anzufachen, sowie Fische.[2] Später entdeckt er zwei Höhlen und eine immer wasserspendende Quelle. Neunzig Jahre ist er schon auf der Insel; die ersten dreissig lebte er von den Fischen, die ihm die Otter brachte, die anderen sechzig von dem Wasser der Quelle allein.[3] — Den Namen Paulus soll unser Einsiedler nach Schröder dem „primus eremita", der auch Paulus hiess, verdanken. Dessen Leben, von Hieronymus beschrieben, hat dem Verfasser unserer Le-

---

[1] Murray's Hand-book for Ireland, pag. 188.
[2] Man wird hier an die fischfangende Katze der drei Geistlichen im Buch von Leinster erinnert.
[3] Schröder, S. Brand., pag. 31, Zeile 34 ff.; vgl. dazu Anm. 44 und 45 auf pag. 47.

gende bei der Behandlung des Paulus vorgeschwebt.[1]) Dichte Behaarung,[2]) statt der Kleidung, ist auch Merkmal der Eremiten in den beiden Imrama. Haarig ist der Einsiedler, den Maildun und seine Gefährten auf einer Insel finden. Er nährt sich auch nur aus einer Quelle, die aber substantielleren Stoff liefert als die Wasserquelle des Paulus: sie giebt nämlich gewöhnlich Molken oder Wasser, an Sonntagen und den Festen der Märtyrer aber spendet sie Milch, Wein und Bier an den Gedächtnisstagen der Apostel, der Maria und Johannes des Täufers.[3]) An den Paulus des Hieronymus erinnert hier auch das von Gott ihnen gespendete Brot und der Fisch. Ebenso erinnert an unsern Paulus der Einsiedler, dessen Bekanntschaft Maildun gerade vor der Begegnung mit dem letztgenannten Eremiten auf einer kleinen Insel macht. Diese ist mit Bäumen besetzt, in denen eine Schaar Vögel ihr Spiel treiben. Der Bewohner der Insel ist über und über mit Haaren bedeckt und ermangelt jeder andern Bekleidung. Auf die Fragen der Seefahrer erzählt er ihnen, er sei aus Irland, eines Tages habe er in einem kleinen Boote eine Pilgerfahrt unternommen, als er aber kaum das Land verlassen, sei sein Schiffchen leck geworden, er sei daher wieder zurückgefahren, habe ein Rasenstück unter seine Füsse gelegt und die Fahrt von neuem gewagt; dieses kleine Stück heimathlicher Erde habe ihm Gott im Meere befestigt und jedes Jahr einen Fuss zugesetzt und Bäume wachsen lassen. So sei aus kleinen Anfängen die Insel entstanden. Er fühle sich nicht einsam, denn die Vögel, welche ihn umgeben, seien die Seelen der verstorbenen Leute seines

---

[1]) Schröder, S. Brand., pag. XII.
[2]) Schröder, S. Brand., pag. 101, Anm. 361. Der Glaube an das Vorhandensein behaarter Menschen ist gewiss auf die Thatsache zurückzuführen, dass es Menschen und vielleicht gerade solche Meereinsiedler gab, die sich in ungeschorne Thierfelle oder Vogelbälge hüllten.
[3]) Leabhar na hUidhre, pag. 25b, Cap. XX.

Clans. Für seinen leiblichen Unterhalt sorge Gott ebenfalls, denn ein Engel bringe ihm täglich ein halbes Brot und ein Stück Fisch, seinen Durst aber stille das Bier, welches ein Quell auf der Insel ihm spendet.[1]) Im Anschluss an diese behaarten Anachoreten irischen Ursprungs mag noch bemerkt werden, dass eine ganz ähnliche Einsiedlergestalt in einer andern Entdeckungsreise vorkommt. Drei Mönche aus Mesopotamien wollen nach der Stelle wandern, wo Himmel und Erde zusammentreffen. Nach verschiedenen Abenteuern, die manchmal an solche der Brendanus-Legende erinnern, gelangen sie zu einer Höhle, in welcher ein heiliger Mann, Macarius mit Namen, wohnt. Er ist mit schneeweissen Haaren ganz bedeckt, die Haut seines Gesichtes aber gleicht der einer Schildkröte.[2]) — Im engsten Zusammenhange mit der Brendanus-Legende steht der Besuch Mailduns bei dem dritten Einsiedler. Auch dieser ist ein schneeweisser Greis. Er ist einer von den fünfzehn Leuten Brendans, die auf die Pilgerreise gingen und sich auf der Insel festsetzten; aber alle starben und liessen ihn allein zurück. Seine Worte zu bestätigen zeigt der ehrwürdige Mann den Seefahrern den Büchersack seines Meisters Brendan.[3]) Ein Eremit endlich, der auch wie Paulus von einer Otter gefüttert wird, findet sich noch gegen das Ende des Imram Mailduin.[4]) — Auch

---

[1]) Leabhar na hUidhre, pag. 25ª, Cap. XIX.
[2]) Ich kenne diese Sage leider nur aus dem Auszuge, den Wright in St. Patrick's Purgatory, pag. 94 ff. giebt.
[3]) Ms. Harl. No. 5280, Fol. 9ª. Der Greis sagt hier merkwürdiger Weise: „Mesí . . . . do muinntir Brenoind Biroir," „Ich bin von den Leuten des Brendan von Birr," während doch Brendan von Clonfert der berühmte Seefahrer war.
[4]) Die beiden Handschriften des Imram curaig Mailduin im Leabhar na hUidri und Ms. Harl. No. 5280, die mir diesen Augenblick nur zu Gebote stehen, sind unvollständig und enthalten die Geschichte von dem vierten Eremiten nicht mehr. Ich kenne dieselbe nur aus Joyce, Old Celtic Romances, The Voyage of Maildun, Cap. XXXIII.

in der Meerfahrt der Söhne des Ua Corra finden sich Anklänge an die Anachoreten des Atlantischen Ozeans. Einer der Eremiten, ein Schüler des heiligen Andreas, ist auch von Vögeln umgeben, welche Seelen von heiligen Männern sind.[1]) Ob man bei dem harfenspielenden und singenden Greis auf der schönen Insel an einen Geistlichen denken darf, ist allerdings fraglich.[2]) Dagegen ist sicherlich ein solcher der alte Mann auf der Insel mit der Kirche und dem dienstfertigen Vogel,[3]) und ebenso der „Deiscipul do Christ", der Jünger Christi, den die drei Brüder mit ihrer Mannschaft auf einer andern Insel treffen. Auch dieser heilige Mann suchte die Einsamkeit auf, fand dieses Eiland und nährte sich zuerst nur von den Früchten und Kräutern der Insel. Später aber wurde sein Tisch besser bestellt, indem ein Engel des Himmels ihm Nahrung brachte. Auch als die Seefahrer bei dem Einsiedler zu Besuche sind, bleibt der himmlische Nahrungsspender nicht aus. Brot und Fische sind es, was er ihnen bringt.[4])

Zum Schlusse sei noch auf die Uebereinstimmung der Episoden hingewiesen, in denen das Schiff Brendans in der Gefahr schwebt, von einem Ungethüm angegriffen zu werden, wobei aber das feindliche Thier durch ein anderes besiegt und so die Gefahr von den Seefahrern abgewendet wird. Im irischen Brendan ist die angreifende Bestie eine sogenannte Meerkatze, der Helfer in der Noth ein Wallfisch, der seinen Gegner besiegt und in den Grund des Meeres hinabzieht. In der Navigatio kommt dieses Motiv zweimal zur Geltung. Einmal sind es,[5]) ähnlich der irischen Fassung, grosse Meerthiere (beluæ), welche den Kampf, der ebenfalls mit der Niederlage des dem Schiffe feindlichen Unthiers

---

[1]) Book of Fermoy, pag. 173b.
[2]) Book of Fermoy, pag. 175a.
[3]) Book of Fermoy, pag. 177a.
[4]) Book of Fermoy, pag. 177a b.
[5]) Schröder, S. Brand., pag. 21, Zeile 24.

endet, führen.[1]) Das andere Mal will ein grosser Vogel (griffa) die Mönche angreifen, wird aber von einem andern Vogel in die Flucht geschlagen und getödtet.[2])

Dies sind die Punkte, in denen die irische und die lateinische Pilgerfahrt Brendans mehr oder weniger übereinstimmen. Es sind wenige, wenn man bedenkt, dass beide Erzählungen das gleiche Thema zu behandeln haben und in dem gleichen Lande entstanden sind. Die Verschiedenheiten der beiden Fassungen sind so gross, dass man kaum die Frage aufwerfen darf, welche der andern zur Vorlage gedient haben mag. Die lateinische Bearbeitung ist jedenfalls die künstlerisch viel vollendetere und es ist daher vielleicht anzunehmen, dass ihrem Verfasser der irische Imram bekannt gewesen und dass er aus ihm heraus die Episoden genommen, welche ihm gefielen und aus diesen sowie andern Abenteuern spezifisch irischer und christlicher Sagen die so anziehende und schöne Navigatio gefertigt habe.

Die Besprechung dieser wird uns nun leicht gemacht durch die trefflichen Erläuterungen, welche Schröder seiner Ausgabe der „Peregrinatio sancti Brendani" folgen lässt. Hier sollen daher nur die Punkte berührt werden, welche die lateinische Legende mit den irischen Schiffermärchen gemeinsam hat. Die meisten Anklänge hat die Navigatio mit dem phantasiereichsten und schönsten Imram, dem des Maildun. — Zur bessern Uebersicht wollen wir, wie es Suchier schon gethan hat,[3]) den Inhalt der Navigatio in folgenden Kapiteln unterbringen:

1) *Brendans Abstammung und Heimath* (pag. 3, Zl. 1 bis pag. 3, Zl. 3).[4]) Dieser Passus der Legende wurde schon im ersten Kapitel, pag. 3, gewürdigt.

---

[1]) Auf diesen Kampf der Meerthiere wird auch hingewiesen in der Vita S. Brend., Cap. XVII. [2]) Schröder, S. Brand., pag. 25, Zeile 30.

[3]) Brandans Seefahrt in Böhmers Romanischen Studien, Bd. I, Heft 5, pag. 556.

[4]) Die Zitate sind nach Schröders Ausgabe der Navigatio.

2) *Barinthus erzählt Brendan, wie er mit Mernoc die Terra repromissionis sanctorum besucht und erweckt in Brendan den Wunsch zu einer gleichen Unternehmung* (pag. 3, Zl. 4 bis pag. 5, Zl. 25). Ueber Barinthus handelt O'Hanlon, Lives of the Irish Saints, Vol. V, pag. 409, wo sich überhaupt eine mit vielen werthvollen Anmerkungen versehene genaue Inhaltsangabe der Navigatio findet.

3) *Brendans Berathung mit vierzehn Mönchen* (pag. 5, Zl. 26 bis pag. 6, Zl. 4).

4) *Vierzigtägiges Fasten* (pag. 6, Zl. 4 bis pag. 6, Zl. 6).

5) *Besuch bei St. Ende*[1]) *und in der Heimath* (pag. 6, Zl. 6 bis pag. 6, Zl. 16). Dieser beiden in der irischen Erzählung getrennten Besuche wurde schon oben, pag. 36 und 40, kurz gedacht.

6) *Bau des Schiffes* (pag. 6, Zl. 16 bis pag. 6, Zl. 23). Solche Schiffe, wie an erwähnter Stelle eines beschrieben ist, finden noch heute Anwendung an der Westküste Irlands.[2]) Ihr Name lautet im Altirischen „curach", im Neuirischen „coragh". Eines solchen leichten mit Häuten überzogenen Fahrzeuges bedient sich auch Cormac auf seiner Fahrt.[3]) Maildun und die Söhne Ua Corras fahren ebenfalls in Curachs, ebenso Bran und Snedhghus mit seinem Gefährten. Um so auffallender ist es daher, dass in der irischen Darstellung von Brendans Fahrt von einem Curach nicht die Rede ist. Die Schiffe, die er zu beiden Reisen braucht, heissen einfach „longa". Doch ist aus dem Befehl der St. Ita, Brendan solle zu seiner zweiten Expedition ein hölzernes Schiff bauen, wohl zu ersehen, dass seine früheren drei Fahrzeuge auch Curachs gewesen sind.

---

[1]) Das von Schröder seiner Ausgabe zu Grunde gelegte Ms. hat den Namen des Heiligen als „Exide".

[2]) Murray's Handbook for Ireland, pag. 188.

[3]) Vgl. über den Bau und die Verwendung des Curach in älterer Zeit die interessanten Nachweise in Reeves' Ausgabe von Adamnan, pag. 169, Note k.

7) *Drei Mönche kommen nach* (pag. 6, Zl. 24 bis pag. 6, Zl. 34). Ueber diese Nachzügler wurde schon oben, pag. 38, Einiges gesagt. Die Anzahl der Insassen von Brendans Schiff beträgt achtzehn. Die Zahl von Brendans Gefährten in der irischen Fassung ist auf der ersten Fahrt neunzig (auf drei Schiffe vertheilt), auf der zweiten Fahrt sechzig. Noch zahlreicher lässt die sogenannte Litanei des Oengus die Begleitschaft Brendans sein: sie soll aus 150 Mann bestanden haben. Die Schiffsmannschaft des Maildun ist mit ihm und den drei nachkommenden Pflegebrüdern 64 Mann stark, der Curach der Ua Corra birgt neun Mann, das Schiff des Machutes sogar 905.

8) *Die Wunderstadt* (pag. 6, Zl. 35 bis pag. 9, Zl. 15).

9) *Der gestohlene Zaum* (pag. 8, Zl. 14 bis pag. 9, Zl. 6). Es ist schon oben, pag. 39, angedeutet worden, dass im Imram Mailduin auch eine Diebsgeschichte sich finde. Die Gefährten des Maildun entdecken nach langer Seefahrt eine Insel und eine Stadt, umgeben mit einer weissen Mauer, auf ihr, auch die Häuser sind weiss, aber menschenleer. Die Seefahrer betreten das grösste der Häuser, sehen jedoch in demselben nur eine kleine Katze, die sich belustigt, auf vier Steinpfeilern, welche im Saale sind, herumzuspringen. Die Wände der Halle sind mit kostbaren Tuchnadeln und Halsketten, so gross wie Fassreife, ferner mit Schwertern, deren Griffe von Silber und Gold sind, verziert. Weisse Betten stehen an den Wänden und Gefässe mit berauschenden Getränken auf dem Boden. Ebenso ist ein Tisch gedeckt. Maildun fragt die Katze, ob die Mahlzeit für sie hergerichtet sei. Die Katze giebt keine Antwort, schaut die Fremdlinge nur an und beginnt ihr Spiel von neuem. Dem Sprüchworte: „Silence gives consent" folgend, lassen sich die Seefahrer Speise und Trank wohlschmecken und schlafen darauf. Am andern Morgen nehmen sie die Ueberreste der Mahlzeit mit sich. Aber der eine von Mailduns Pflegebrüdern stiehlt eine der Halsketten, so sehr auch Maildun ihn warnt, solches

zu thun. Doch die Strafe folgt dem Vergehen auf dem Fusse nach; denn das Kätzchen springt durch den Dieb hindurch wie ein feuriger Pfeil, so dass er zu einem Haufen Asche verbrannt wird.[1]) — Im Anschlusse an die Bemerkung Schröders, dass es etwas auffällig sei, Zäume neben Trinkgeschirre an die Wände zu hängen, sei hier nur darauf hingewiesen, dass der Zaum in dem keltischen Haushalte eine grosse Rolle spielte. Zäume waren wirklich in den Wohnungen der Iren aufgehängt und der Stoff, aus dem der Zaum gefertigt, zeigte den Rang seines Besitzers an. So hatte der „Brughfer" (d. h. ein richterlicher Beamter, der über landwirthschaftliche Vergehen zu urtheilen hatte) einen Zaum von Bernstein; ein kleiner Grundbesitzer einen solchen von Silber und vier von Bernstein; der Anführer des Truppenkontingentes einer Provinz einen silbernen und einen goldenen.[2])

10) *Die Schafinsel und der Procurator* (pag. 9, Zl. 16 bis pag. 10, Zl. 24).

11) *Der Fisch Jasconius* (pag. 10, Zl. 25 bis pag. 11, Zl. 18). Vgl. darüber pag. 36.

12) *Das Paradies der Vögel* (pag. 11, Zl. 19 bis pag. 14, Zl. 22). Auf die grosse Rolle, welche die Vögel in den hier in Betracht kommenden irischen Sagen spielen, wurde schon oben, pag. 35, hingewiesen. In den dort angeführten Stellen handelte es sich immer um Vögel, welche Seelen Verstorbener sind. Doch auch andere Vögel treten hie und da auf. So treffen Maildun und seine Gefährten eine vogelreiche Insel.[3]) Als sie sich einem andern Eilande nähern, hören sie einen grossen Lärm, dass es ihnen scheint, als ob

---

[1]) Leabhar na hUidhre, pag. 23ᵃ, Cap. XI. Bewirthung in einem menschenleeren Hause finden die Seefahrer schon früher, Ms. Harl. No. 5280, Fol. 3ᵇ.

[2]) Vgl. Sullivan in O'Curry's Mann. and Cust., Vol. I, pag. CCCLV. Eine andere Bedeutung legt dem Zaume Birlinger in Reuschs Theolog. Literaturblatt, 1872, Spalte 317 unter.

[3]) Ms. Harl. No. 5280, Fol. 3ᵃ.

eine Menge Leute Psalmen sängen, als sie aber in die Nähe des felsigen Landes kommen, da merken sie, dass das Geschrei von einer Menge schwarzer, goldgelber und gefleckter Vögel herrühre.[1]) Gerade dieses Abenteuer zeigt uns, wo der Glaube an sprechende Vögel seinen Ursprung hat. In der Ferne mag wirklich das Gekreische der unzähligen, die kahlen Inseln des Atlantischen Ozeans bewohnenden Seevögel dem Schreien menschlicher Stimmen ähneln. Einen interessanten Bericht giebt darüber G. Du Noyer in den „Proceedings of the Royal Irish Academy".[2]) Er macht eine Fahrt nach der Felseninsel Innishtooskert an der Küste von Kerry, um Rechenschaft zu geben über eine Steinhütte, die dem Brendan gehört haben soll.[3]) Nachdem er die Gestaltung der Insel, die ganz an einzelne Eilande unserer Navigatio erinnert, beschrieben, fährt er fort: „In the month of July every hole and cranny in the rocky shingle and peaty covering of the island is inhabited by the Stormy Petrel (Mother Cary's Chicken), which there performs its incubation; and the clear chirping noise of these little birds, which conceal themselves from view, was a source of much wonder and surmise to the boatmen and the rest of our party, till one adventurous coastguard-man thrust his arm into a hollow in the turfy covering of a pile of rocks, and brought forth the little Petrel and its single egg." Die Irländer mussten also gewiss nicht zuerst nach Amerika gehen, wie Mac Carthy annimmt, um die Vorstellung von sprechenden Vögeln zu gewinnen. — In der Navigatio aber hat es mit diesen Vögeln noch eine besondere Bewandtniss: sie sind gefallene Engel.[4]) Es ist gewiss nicht unwahrscheinlich, dass

---

[1]) Leabhar na hUidhre, pag. 25ª, Cap. XVIII.
[2]) Vol. VIII, pag. 429.
[3]) Eine Abbildung dieser Steinhütte findet sich in O'Hanlon's Lives of the Ir. Saints, Vol. V, pag. 413.
[4]) Gleichen Ursprungs scheinen auch die Vögel zu sein, welche Theophilus und seine Gefährten auf ihrer Reise nach dem Osten auf

die Anschauung, ein Theil der mit Lucifer gefallenen Engel seien in Vögel verwandelt worden, auf irischem Boden entstanden ist, da gerade in der heidnischen und der christlichen Sage Irlands stets Vögel eine ausserordentlich grosse Rolle spielen.[1]) Für fliegende Wesen werden die Genossen Lucifers wohl auf Grund von Ephes. II, 2 schon in alter Zeit gehalten.[2]) — Es sei hier noch hingewiesen auf eine hübsche Episode, welche von Brendan und einem Vogel des Paradieses erzählt wird. Eines Tages, als Brendan in seiner Kirche zu Clonfert ist, gerade vierzehn Jahre vor seinem Tode, sieht er, nachdem er gepredigt und die Messe gelesen, einen wunderbar schönen Vogel zum Fenster hereinfliegen und sich auf den Altar setzen; aber ein so blendender Strahlenglanz geht von ihm aus, dass es dem Heiligen unmöglich ist, das Thierchen genauer in Augenschein zu nehmen. Auf die Frage Brendans, wer er sei, entgegnet der Vogel, er sei der Erzengel Michael und von Gott gesendet, ihm Musik zu machen. Er steckt denn auch wirklich seinen Schnabel unter die Federn seines Flügels und beginnt eine Musik, der Brendan volle 24 Stunden lang zuhört und die ihn so entzückt, dass fürderhin jede andere Musik ihm unerträglich ist und er, wenn er genöthigt ist, solche mitanzuhören, stets zwei Wachsballen in die Ohren steckt. Einzig das Harfenspiel eines jungen Geistlichen am Ostertage kann er ertragen.[3])

13) *Ailbes Insel* (pag. 14, Zl. 23 bis pag. 18, Zl. 16).

---

feigenartigen Bäumen antreffen; denn mit menschlichen Stimmen flehen die Vögel Gott um Gnade an; vgl. St. Patrick's Purgatory von Th. Wright.

[1]) Sullivan in O'Curry's Mann. and Cust. Vol. I, pag. CCCLXX; Reeves, Adamnan, pag. 91, Anm. c.

[2]) Vgl. den Art. „Teufel" in Wetzer und Weltes Kath. Kirchenlexik., Bd. X, pag. 774 ff.; Th. Wright, St. Patrick's Purgatory pag. 90.

[3]) Martyrol. of Donegal, pag. 128. Ms. R. I. A. 23. G. 25, O'Longan's Ir. Mss. Vol. VI, pag. 113. — Eine ähnliche Geschichte über St. Mochoe von Noerdruin findet sich in Fél. Oeng. Ed. Stokes, pag. CVII.

Es wird in diesem Abschnitte ein Musterkloster geschildert. Fromme Leute und eine herrliche Kirche treffen auch die beiden Mönche Snedhghus und Mac Riagla auf ihrer Fahrt.[1]) Es darf vielleicht dabei erinnert werden an die prächtige, in Gold und Edelsteinen prangende Kirche, in welche die galiläischen Mönche, die Britannien christianisirt, treten, als sie sich auf einem Flosse aufmachen, die Wunder des Ozeans zu schauen. Die ganz goldene, mit Edelsteinen reich verzierte Kirche steht in einer goldenen Stadt, diese auf einem goldenen Berg. In der Kirche treffen sie nur zwei ehrwürdige Gestalten: es sind Enoch und Elias.[2]) — Ailbe von Imbliuch Ibair (jetzt Emly in der Grafschaft Tipperary) ein irischer Bischof, der am 12. September 534 starb, wird deshalb zum Patron des von Brendan aufgefundenen Musterklosters gemacht, weil von ihm erzählt wird, dass er „ad insulam Tile in oceano positam navigare decrevit", und als er von dem König von Cashel daran gehindert wurde, „viginti duos viros in exilium supra mare misit". Die Insel Ailbes soll Mainland unter den Shetland Inseln gewesen sein.[3]) Eine in altirischer Sprache abgefasste Mönchsregel in Versen wird ihm zugeschrieben.[4]) — Direkt an Ailbe erinnert eine Stelle im Imram der Ua Corra. Ihr Schiff landet an einer Insel und die Leute des Ailbe von Imbliuch Ibair sind auf ihr. Die Seefahrer finden auch zwei Quellen auf der Insel:

---

[1]) Rev. Celt., Vol. IX, pag. 24.

[2]) Gottfried von Viterbo, Pantheon, Pars II, bei Joan. Pistorii Nidani German. Script., Vol. II, pag. 58—60.

[3]) Reeves, Adamnan, pag. 168, Anm. i. Dass Ailbe bei den Iren in dem Rufe eines Seefahrers gestanden, beweisen auch die Worte der sogenannten Litanei des Oengus: „Cetrar ar XX it de Mumain lotar la hAilbe for fairrgi do ascnam tire tarrngire; filet and i m-bethaid co brath". „Die Vierundzwanzig von Munster, die mit Ailbe auf das Meer gingen, um nach dem Lande der Verheissung zu fahren; sie sind dort am Leben für immer." Leabhar Breacc, pag. 23ᵇ.

[4]) O'Curry, Ms. Mat., pag. 374. Diese Regel ist in Uebersetzung mitgetheilt in Ir. Eccl. Rec. January, 1872, pag. 180 ff.

eine trübe und eine klare, deren Genuss aber den Trinker in Schlaf versetzt.[1]) Diese Geschichte von dem verderblichen Quellwasser leitet uns zu dem folgenden Kapitel:

14) *Die betäubende Quelle* (pag. 18, Zl. 17 bis pag. 19, Zl. 17). Es ist begreiflich, dass bei diesen langen Seefahrten in den kleinen Schiffen das Bedürfniss nach süssem Wasser oft recht stark gewesen sein muss und wir finden daher auch in den anderen Schiffermärchen hie und da Andeutungen über wunderbare Stillung des Durstes, wobei allerdings nicht immer der Genuss des Wassers als schädlich gedacht wird. Gleich am Anfange ihrer Fahrt ergreift den Snedhghus und Mac Riagla heftiger Durst, aber Christus erbarmt sich ihrer und führt sie an einen Strom, dessen Wasser schmackhaft ist wie Milch.[2]) — Gefährlicher ist der Stoff der Quelle, die nach dem Buche von Lismore die durstigen Gefährten Brendans einst entdecken; denn als ihr vorsichtiger Führer den Quell segnet, versiegt er plötzlich und offenbart dadurch seinen Ursprung vom Teufel. Der Genuss des Wassers hätte den Seefahrern den Tod gebracht. Aus einem Weinstrom, der durch eine fruchtreiche Insel fliesst, dürfen die Ua Corra ihren Durst löschen.[3]) Von einem „aqua suavissima", das Hunger und Durst in gleicher Weise befriedigt, weiss auch die Vita St. Machutis zu erzählen.[4])

15) *Befehl, wo Brendan die vier Fasten feiern soll* (pag. 19, Zl. 17 bis pag. 21, Zl. 22).

16) *Kampf der Fische* (pag. 21, Zl. 23 bis pag. 23, Zl. 10). Diese Geschichte wurde schon oben, pag. 43, erwähnt.

17) *Insel der drei Schaaren mit den Meerschnecken* (pag. 23, Zl. 10 bis pag. 25, Zl. 2). Auch unsere Imrama

---

[1]) Book of Fermoy, pag. 176[a,b].
[2]) Rev. Celt., Vol. IX, pag. 18.
[3]) Book of Fermoy, pag. 172[b].
[4]) Cap. XXIII und XXV, bei Plaine und de la Borderie, Vies inédites de Saint Malo, pag. 50 und 51.

kennen Inseln, in denen, wie hier die „Viri fortes", die Bewohner in verschiedene Klassen abgetheilt sind. In der Fahrt des Maildun findet sich eine Insel, die durch Mauern in vier Theile getheilt ist. In der einen Abtheilung sind die Könige, in einer andern die Königinnen, in der dritten die Jünglinge und in der vierten endlich die Mädchen.[1]) Aehnlich bewohnen auch vier Klassen Männer eine Insel, auf der ein Mann von der Schiffsgesellschaft der Ua Corra zurückbleibt. Dort bilden alte, weisshaarige Männer die erste, königliche Herren die zweite, junge Krieger die dritte und Wagenlenker die vierte Gruppe.[2])

18) *Die Traubeninsel* (pag. 25, Zl. 3 bis pag. 25, Zl. 28). So schöne, fruchtbare Inseln, wie die in unserer Legende beschriebene Traubeninsel, kennen auch die Imrama. Allerdings sind es nicht immer gerade Trauben, welche die Seefahrer erquicken, sondern Aepfel, wie in dem Imram curaig Ua Corra.[3]) Maildun findet auf einer Insel auch einen Zweig und drei Aepfel an der Spitze desselben und von jedem Apfel können sie sich vierzig Tage lang nähren.[4]) Der Saft anderer kopfgrosser Früchte verursacht den Geniessenden einen tiefen Schlaf, so dass also der Genuss dieser Früchte wirkt wie die betäubende Quelle in der Navigatio.[5]) — Es ist sicherlich nicht nothwendig, mit O'Hanlon[6]) anzunehmen, den Iren sei die Bekanntschaft mit solchen, dem Norden Europas fremden Früchten von den westindischen Inseln gekommen. Der Europa so wohl bekannte Orient weist doch gewiss auch schöne Früchte auf und selbst die viel benutzte Bibel weiss ja von einer enorm grossen Weintraube zu erzählen.[7])

---

[1]) Leabhar na hUidhre, pag. 24b, Cap. XVI.
[2]) Book of Fermoy, pag. 172b.
[3]) Book of Fermoy, pag. 172b.
[4]) Ms. Harl. No. 5280, pag. 3b, 4a.
[5]) Ms. Harl. No. 5280, Fol. 9a.
[6]) Lives of the Ir. Saints, Vol. V, pag. 431.
[7]) Num. XIII, 24.

19) *Kampf der Vögel* (pag. 25, Zl. 29 bis pag. 26, Zl. 5).

20) *Fische im klaren Meere* (pag. 26, Zl. 13 bis pag. 27, Zl. 2). Das Boot des Maildun fährt ebenfalls durch ein klares, krystallhelles Meer, in dem aber die Schiffer im Gegensatz zur Navigatio gerade keine Thiere erblicken.[1])

21) *Columna und Conopeum* (pag. 27, Zl. 3 bis pag. 27, Zl. 35). Dürfen wir nicht vielleicht annehmen, dass der Verfasser bei der Beschreibung dieser blendend-weissen, krystallhellen, marmorharten Säule, an einen Eisberg gedacht habe? Die weitere Ausmalung der Grösse und Gestalt des Berges mag dann, wie Schröder annimmt, auf der Vision des Ezechiel[2]) oder einer Stelle der Apokalypse[3]) beruhen. Solche entschieden an Eisberge erinnernde, schimmernde, viereckige Silbersäulen finden sich auch im Imram Mailduin[4]) und in dem der Ua Corra.[5]) In beiden Erzählungen nimmt einer der Schiffsgesellschaft ein Stück von dem Wunderbau zum Andenken mit sich.

22) *Insel der Schmiede* (pag. 28, Zl. 1 bis pag. 29, Zl. 9). Sehr übereinstimmend mit dieser Episode ist die folgende im Imram curaig Mailduin: Das Boot nähert sich einer Insel, da hören plötzlich dessen Insassen ein Hämmern, das von drei oder vier Schmieden herzukommen scheint. Einer von diesen Schmieden bemerkt es und giebt seinem Gesellen, der ihn frägt, was er sähe, die Antwort: „Kleine Knaben sind es, die in einem kleinen Boote sich nähern." Maildun ahnt die Gefahr, die ihnen von den Riesen droht, und er befiehlt daher seinen Leuten schleunigst von der gefährlichen Insel wegzurudern, doch ohne das Schiff zu drehen, damit die Schmiede ihre Flucht nicht bemerken könnten. Die List gelingt. Der ausspähende Schmied, getäuscht durch das mit

---

[1]) Leabhar na hUidhre, pag. 26ᵃ, Cap. XXII.
[2]) Ezech. XL, XLI.
[3]) Cap. XXI.
[4]) Leabhar na hUidhre, pag. 26ᵇ, Cap. XXVI.
[5]) Book of Fermoy, pag. 173ᵃ.

der Spitze stets gegen die Insel gerichtete Schiff, bemerkt wirklich ihr Zurückweichen nicht, und als er nach geraumer Zeit erst gewahr wird, dass sie doch immer mehr sich entfernen, da sind die Schiffer schon soweit im Meere draussen, dass die Unholde mit den glühenden Eisenstücken, welche sie mit Zangen aus der Werkstätte holen und dem Boote nachschleudern, dasselbe nicht mehr erreichen können. Aber das ganze Meer kocht, wenn die feurige Masse in das Wasser fällt.[1])

23) *Tod eines Mönches* (pag. 29, Zl. 10 bis pag. 29, Zl. 29). Auf einen ähnlichen Fall im irischen Brendan wurde schon oben, pag. 38, hingewiesen.

24) *Judas* (pag. 29, Zl. 30 bis pag. 31, Zl. 33).

25) *Paulus der Eremit* (pag. 31, Zl. 34 bis pag. 34, Zl. 17). Vgl. über diese irischen Einsiedler pag. 40 ff.

26) *Feier der Feste an den gewohnten Orten* (pag. 34, Zl. 18 bis pag. 35, Zl. 10).

27) *Terra repromissionis sanctorum* (pag. 35, Zl. 10 bis pag. 36, Zl. 5).

28) *Brendans Heimkehr und Tod* (pag. 36, Zl. 5 bis pag. 36, Zl. 19).

Soweit die lateinische Legende. Ihre Verbreitung war eine ausserordentlich grosse, wie aus der Menge von Handschriften ersehen werden kann. Duffus Hardy führt in seinem Descriptive Catalogue, Vol. I, No. 458 und 469, deren nicht weniger als 48 an. Dass bei der Beliebtheit dieser wunderbaren Erzählung dieselbe auch in die verschiedenen Nationalliteraturen Eingang gefunden, liegt auf der Hand. Ich kann mich bei der Aufzählung der Bearbeitungen unserer Legende kurz fassen, da die ausgezeichneten Arbeiten über Brendan von Schröder[2]) und Suchier[3]) sich schon mit diesem Thema einlässlich beschäftigt haben.

---

[1]) Leabhar na hUidhre, pag. 25b, Cap. XXI.
[2]) Sanct Brandan, Einleitung.
[3]) Brandans Seefahrt in Böhmers Rom. Stud. Bd. I, Heft 5, p. 553 ff.

An unsere Navigatio schliesst sich ganz direkt an die *Legenda in Festo Sancti Brandani Episcopi*.[1]) Es ist dies nur ein Auszug aus der Navigatio. Sein Verfasser lässt ganz weg die Erzählung des Barinthus, deutet den Diebstahl des Mitmönches nur ganz schwach an; die Episode mit dem Jasconius fehlt ganz, wenn auch später im Verlauf der Erzählung eine Anspielung darauf sich findet, ebenso fehlt die betäubende Quelle und der Procurator, der aber später ebenfalls erwähnt wird. Von dem zweiten Besuche in dem Paradies der Vögel geht die Erzählung direkt auf den Tod des Mönches in der Hölle über. Was dazwischen ist in der Navigatio wird mit den kurzen Worten: „Hæc et alia multa vidit Beatus Brandanus, et sustinuit in mari oceano, quæ longum est enarrare", abgemacht. Die Geschichte des Judas wird erwähnt und darauf mit ein paar Worten noch gesagt, Brendan habe nach siebenjähriger Fahrt noch die „Terra repromissionis sanctorum" und eine „Insula quæ vocatur deliciosa" besucht und sei dann nach seiner Rückkehr in die Heimath bald gestorben.

Zuerst ging die Meerfahrt des Brendan in die französische Literatur über. Ein anglo-normannischer Dichter, Apostolicus Benedict, nahm sich des Stoffes an und schrieb ein Gedicht darüber auf Befehl der am 2. Februar 1121 mit Heinrich I. von England vermählten Adelheit von Löwen. Das Gedicht,[2]) das sich an die Navigatio getreu anschliesst, aber einige Abenteuer (den Besuch bei Enda, die drei Schaaren und die Meerschnecken, die Traubeninsel) weglässt, dafür aber die Leiden des Judas weiter ausmalt, ist wieder in das Lateinische übersetzt worden für einen gewissen Alexander,

---

[1]) Herausgeg. von Moran in den Acta S. Brend., pag. 132—139, nach einer Handschrift des XIII. Jahrhunderts.

[2]) Ein genauer Abdruck der Handschrift Cotton. Vesp. B. X bei Suchier, Böhmers Rom. Stud. Bd. I, Heft 5, pag. 567 ff. Ausg. des Gedichtes von Michel, Les Voyages merveilleux de St. Brandan à la Recherche du Paradis terrestre, Paris 1878.

von einem offenbar französischen Dichter. Das aus gereimten Quatrains von katalektischen Tetrametern bestehende Gedicht[1]) füllt die Lücke, welche das anglo-normannische Gedicht durch das Weglassen der Meerschnecken hat, aus und schwelgt in der Beschreibung der Herrlichkeit des Paradieses.

Der Zeit nach dem anglo-normannischen Gedichte am nächsten wird die *flandrische Prosa* „De Saint Brandainne le moin" stehen, nach Jubinal in das Ende des zwölften Jahrhunderts gehörend[2]) und ungefähr in dieselbe Zeit eine *französische poetische Uebertragung* „De saint Brandans qui erra VII ans par mer et les merveilles qu'il trouve".[3]) Diese poetische Bearbeitung hat auch Gautier von Metz in seine, 1245 geschriebene „Ymage du Monde" aufgenommen. Eine *anglo-normannische Prosabearbeitung*, „La Vie Monseigneur Seint Brandan", endlich wird noch erwähnt, als aus dem dreizehnten Jahrhundert stammend, von Hardy in seinem Kataloge, Vol. I, No. 460.

Etwas grössere Abweichungen von der Navigatio bietet das *englische Gedicht*[4]) von *Seint Brendan*. Dasselbe stammt aus derselben Zeit und derselben Gegend, in welcher Robert von Gloucester seine Reimchronik schrieb, ist also auf der Schneide des dreizehnten und vierzehnten Jahrhunderts im Südwesten Englands verfasst worden und besteht, wie die übrigen Legenden Südenglands, aus Versen mit sieben Hebungen. Obwohl, wie gesagt, unser Gedicht nicht ganz genau

---

[1]) Ausg. von Martin in Haupts Zeitschr., Bd. XVI, pag. 289 ff. und Moran, Acta S. Brend., pag. 45—84.

[2]) Ausgabe von Jubinal, La Légende latine de St. Brandaines, pag. 57—104.

[3]) Jubinal, La Lég. lat. de St. Brand., pag. 105—164.

[4]) Herausgegeben von Th. Wright in den Publications of the Percy Society, Vol. XIV nach Ms. Harl. No. 2277 und Horstmann in Herrigs Archiv, Bd. LIII nach Ms. Ashmol No. 43 der ältesten vorhandenen Handschrift des Gedichtes. Ueber weitere Mss. vgl. Hardy, Descript. Cat., Vol. I, No. 467.

mit der Navigatio übereinstimmt, so sind doch die Abweichungen beider Fassungen, wie Schröder[1]) Wright gegenüber mit Recht anführt, keineswegs so bedeutend, dass wir für das englische Gedicht eine andere Quelle als die Navigatio anzunehmen haben. In folgenden Punkten nun stimmen das Gedicht und die Navigatio nicht überein:

Das Gedicht lässt die nähere Ausführung von Brendans Geburtsort und Abstammung weg und setzt ihn nicht, wie die Legende, über 3000, sondern nur über 1000 Mönche als Abt. Die Begegnung zwischen Barinthus (engl. Barynt) und Brendan wird in beiden Fassungen gleich erzählt, dagegen fehlt in dem Gedicht der Aufenthalt des Barinthus auf der Insel des Mernocatus (engl. Meruot), die Fahrt des Barinthus zu Mernocatus und die Reise beider zusammen nach der Terra repromissionis sanctorum werden so auf etwas unklare Weise verschmolzen:

V. 30.[2]) „Anon so ic[3]) hurde telle þus,[4]) þuderward ic wende anon.
So þat in a vision our suete lord him[5]) kende,
þat aȝen me, as ic to him com, þre jorneys he wende.
So þat we dude ous in a scip, and estward evene drowe
In þe se of occian, wiþ tormentes inowe."

Vor der Insel der Verheissung sind die beiden Mönche nach der Navigatio nur eine Stunde, nach dem Gedichte „al an tide of þe day" in dem dichten Nebel. Die Insel liegt übrigens nach der Navigatio im Westen: „Navigemus contra occidentalem plagam ad insulam que dicitur ‚Terra

---

[1]) S. Brand., pag. V. Anm. 10.
[2]) Die Citate sind nach Horstmanns Abdruck des Ms. Ashmol. 43 in Herrigs Archiv, Bd. LIII, pag. 17 ff.
[3]) Sc. Barynt.
[4]) Dass Meruot Abt sei.
[5]) Dem Meruot.

repromissionis sanctorum'," nach dem Gedichte im Osten „Estward euene we drowe". Von sich aus lässt das Gedicht den Jüngling, der den beiden Wanderern begegnet, sagen:

V. 60. „And her ʒe habbeþ alle ʒer meteles ibe,
þat ʒe ne ete ne dronke noʒt, ne slepte noʒt wiþ ʒour eie,
Ne chele ne hete ne fredde ʒe naʒt, ne no nyʒt ʒe ne seic:
Vor þis is godes priue stude, and þoru him is þis liʒt,
þeruore it worþ euer her day, and neuer nyʒt.
65. ʒif mon aʒen godes heste nadde noþing mysdo,
Her inne he hadde ʒut bileued, and is ofsprung also.
ʒe ne mowe her noleng bileue, aʒen ʒe mote fare;
þei it þenche ʒou lute wule, ʒe habbe ibe her ʒare."

Dagegen wird die Rückkehr des Barynt und Meruot nach der Insula deliciosa kürzer erzählt. — Brendan wählt in dem Gedichte nur zwölf, nicht vierzehn, Mönche aus zur Fahrt nach der Insel der Seligen, ebenso weiss der Engländer nur von zwei, nicht von drei Mönchen zu erzählen, welche nachträglich noch auf dem Schiffe aufgenommen werden. — Nachdem immer in gedrungenerer Form, als der lateinische Text, das Gedicht die Seefahrer bis in die Wunderstadt und in die reichbesetzte Halle daselbst gebracht hat, lässt es den Zaumdiebstahl ganz weg, wie es ja schon den Mönch, der bei dieser Gelegenheit zu Grunde geht, nicht mit auf das Schiff genommen hat. Ebenso fehlt in dem Gedichte der Jüngling, welcher die Mönche beim Abschiede von der gastlichen Insel mit Brot und Wasser versorgt. — Im Weiteren geht die Erzählung des Engländers in Uebereinstimmung mit dem lateinischen Texte fort, nur befleissigt sich der Dichter stets der Kürze. Der erste Besuch (Schröder, pag. 15, Zl. 19—32), welchen der Procurator den Seefahrern auf der Vogelinsel macht, wird weggelassen. Unbekannt ist der Navigatio die Angabe des Gedichtes, dass Brendan am St. Hilariustage das Musterkloster verlässt. Die Episode mit der betäubenden Quelle fehlt dem englischen Gedichte, das auch im Fortgange der Erzählung wieder kürzer ist als seine Vorlage. Der Kampf der Fische wird erzählt, nicht aber, dass die Mönche mit dem Fleische des besiegten Ungeheuers ihr Leben fristen, noch dass sie eine Insel mit drei Schaaren von Anachoreten treffen, bei denen einer ihrer Genossen zurückbleibt, obwohl dies früher von dem Abte der St. Ailbes Insel vorausgesagt worden war, noch dass sie von den Anachoreten mit schmackhaften Meerschnecken beschenkt werden. Ihren Hunger und Durst stillen sie vielmehr mit den Trauben, die ihnen der Vogel und die Insel liefern. — Ohne grosse Verschiedenheiten aufzuweisen, aber immer in kürzerer Form erzählt das Gedicht den Kampf der Vögel, wobei der Helfer aus der Noth einer der Vögel der Vogelinsel ist, die Episode mit den greulichen Fischen im klaren Meere, welches die Mönche aber nach dem Gedichte in sieben und nicht in acht Tagen durchfahren. Die wunderbare Säule im Ozean wird unerwähnt gelassen. Wieder aber folgt der Engländer seiner Vorlage zu der Insel der Schmiede, zu dem Eingang der Hölle, der einer der Nachzügler zum Opfer fällt; er beschreibt, wie die Navigatio, den Verräther Judas auf dem Steine und besucht den Eremiten Paulus auf seiner einsamen Insel, wobei er aber bei der Berechnung von des Einsiedlers Alter mit etwas andern Zahlen operirt als die Navigatio:

V. 648. „þo ichadde[1] þritti ȝer in þis lyue[2] ibe,
þis welle him gan verst to scewe, as þu[3] miȝt her ise;
Bi þis welle ichabbe ilyued fourti ȝer nou and on,
And fifti ȝer ic was old, þo ic gan huder gon;
So þat of an hondred ȝer and twenti þerto
Bi þis tyme icham old."

---

[1] Paulus.
[2] D. h. ohne Wasser, aber genährt von den Fischen, welche die Otter brachte.
[3] Brendan.

Der Navigatio nach ist Paulus 140 Jahre alt: mit 50 Jahren kam er auf die Insel, lebte 30 Jahre von den Fischen und 60 Jahre von dem Wasser der Quelle. — Der Schluss des Gedichtes giebt zu keinen Bemerkungen mehr Veranlassung, da er in Uebereinstimmung mit der Navigatio ist.

Enge an das englische Gedicht schliesst sich nun die *Prosaversion* an, welche Wright auch herausgegeben im Anschluss an das Gedicht und welche sich in Wynkyn de Wordes englischer Bearbeitung der goldenen Legende (1516) findet. Von den nur ganz geringen Abweichungen dieser Fassung, die eine prosaische Auflösung des Gedichtes genannt werden kann, seien folgende erwähnt:

Der Held der Erzählung heisst Brandon, der Barynt wird zu einem Beryne, Meruot zu einem Meruoke. Der Verfasser der Prosa hatte offenbar den Zusammenhang der Reise Barynts zu Meruot und der beiden Fahrt in das Paradies nicht recht verstanden und er hilft sich damit, dass er den Barynt das Land der Verheissung nur im Traume sehen lässt. — Der Prosa fehlt der Fluss, welcher das irdische Paradies in zwei Hälften theilt; der Jüngling begegnet den beiden Geistlichen, sagt dann aber bloss: „But by this ylonde is another ylonde wherin no man may come." — Nachdem in Brendan durch die Erzählung des Barynt, der von der Insula deliciosa direkt zu Brendan kommt, die Sehnsucht die Terra repromissionis auch zu sehen wachgerufen, beräth er sich in der prosaischen Fassung nicht zuerst mit seinen Mönchen, sondern baut ein gutes Schiff, fastet vierzig Tage und geht mit zwölf Mönchen auf das Schiff. — Die Mönche in dem Musterkloster „came hyther out of the abbey of saynt Patrykes in Yrlonde." Weder das Gedicht, noch die Navigatio wissen etwas davon. Die Kerzen der Klosterkirche werden in der Prosa von einem Engel und nicht wie das Gedicht in Uebereinstimmung mit der Navigatio hat, von einem feurigen Pfeile, der zum Fenster hereinfliegt, angezündet. Ganz unverständlich ist, dass die Prosa sagt:

„And sayled¹) from thens²) with his monkes to-warde the abbey of Saint Hylaryes." Das „anon to seint Hillaries dai, seint Brendan forþwende" des Gedichtes wird den Verfasser der Prosaversion irre geleitet haben. — Aus den „tongen" (Navigatio „forces") des Judas in dem Gedichte macht die Prosaversion „oxe tongues" und erklärt deren Herkommen und Verwendung folgendermassen: „And these two oxetongues that hange here above me,³) I gave them somtyme to two preestes to praye for me. I bought them with myne owne money, and therfore they ease me, bycause the fysshes of the see knawe on them and spare me." — Mit andern Zahlen operirt die Prosaversion bei der Altersberechnung des Eremiten Paulus. Sie giebt an, Paulus sei bei dem Zusammentreffen mit Brendan 111 Jahr alt, sei mit 60 Jahren auf die Insel gekommen und habe auf derselben also 51 Jahre gelebt.

Diese Prosaversion hat so keinen Anspruch auf Selbstständigkeit. Sie erschien, wie oben schon bemerkt, in Wynkyn de Wordes Goldener Legende,⁴) London 1516. Der Ausgabe von Wright liegt eine Edition dieses Werkes aus dem Jahre 1527 zu Grunde. Unter dem Titel: „The Lyfe of Saynt Brandon" erschien die Erzählung auch separat in London. Der einzige Druck ist in der Grenville Library des British Museum. Die höchst unbedeutenden Abweichungen des Separatabdruckes von der Wright'schen Ausgabe giebt Suchier in der erwähnten Abhandlung, pag. 559, an.

Auf englischem Boden fand noch eine andere Bearbeitung der Navigatio statt, aber in lateinischer Sprache von John Capgrave in seiner Nova Legenda Angliæ, London 1516. Capgrave verbindet dabei die Navigatio mit der Vita S. Bren-

---

¹) sc. Brendan.
²) sc. von dem Musterkloster.
³) sc. Judas.
⁴) In Jakob von Voraggios Legenda aurea findet sich übrigens die Brendanus-Legende nicht.

dani, ist aber seinem lateinischen Vorbilde nicht ganz treu gefolgt. Er übergeht z. B. die Geschichte mit dem Wallfisch, fügt aber dafür die Geschichte von dem jähzornigen und ränkevollen Mönche Colmanus ein.[1]

In's Deutsche wurde die Navigatio übersetzt von Dr. Johannes Hartlieb im Jahre 1488 auf Anregung der Fürstin Anna von Braunschweig, der Gemahlin Herzog Albrechts von Baiern. Diese Uebersetzung in Prosa ist uns in einem Nürnberger Manuskript erhalten.[2]

In Niederdeutschland wurde die Brendanus-Legende eingeführt durch die *Lübecker Passionale* des Steffan Arend (1488, 1492, 1499, 1507).[3] Ein Basler Drucker Adam Petri liess dieses Lübecker Passional drucken (1511 und 1517) und aus dem Drucke von 1517 übersetzte die Brendanus-Legende Valentin Vorster in's Hochdeutsche, welche Uebertragung in Rollenhagens „*Vier Bücher Wunderbarlicher Reysen*", Magdeburg 1603, zu finden ist. — Cholevius in seiner Geschichte der deutschen Poesie nach ihren antiken Elementen, Bd. I, pag. 169 erwähnt eine *allegorische Geschichte* von Brendan. — Ludwig Theobul Kosegarten endlich erzählt die Navigatio, allerdings willkürlich verändert, im Anhange zu seinen Legenden, pag. 433 (Legenden, Bd. II, Berlin 1810). — Ebenso übersetzte Keller die Navigatio in's Deutsche und veröffentlichte die Uebertragung in seinen Altfranzösischen Sagen II, 1. Tübingen, 1840.

Auch die moderne englische Literatur ist durch Bearbeitungen der Brendanus-Legende bereichert worden. Durch echt dichterischen Schwung zeichnet sich namentlich Denis Florence Mac Carthy's Gedicht: „*The Voyage of St. Brendan*" aus.[4] Das Gedicht ist in sechs Kapitel eingetheilt, deren

---

[1] Ich kann hier leider nur auf Jubinals La Lég. lat. de St. Brand. verweisen, da ich das Werk Capgraves nicht kenne.

[2] Schröder, St. Brand., pag. XVII.

[3] Schröder, St. Brand,, pag. XVII.

[4] Dublin University Magazine, January 1848.

erstes „The Vocation", erzählt, wie Brendan seiner Pflegemutter Ita eröffnet, wie die Sehnsucht ihn treibe, das Paradies in dem westlichen Ozean zu suchen und wie im Traume Gott ihm durch einen Engel versprochen, seinen Wunsch zu erfüllen. — Das zweite Kapitel: „Ara of the Saints", behandelt Brendans Besuch bei dem Abte von Aran, St. Enda. Dieser ist von Brendans Entschluss, auf die Forschungsreise zu gehen, entzückt und mit seinem Segen beglückt geht Brendan nach Irland zurück, baut ein Schiff, wählt unter seinen Leuten die Reisegefährten aus und verlässt sein Heimathland. — Das dritte Kapitel: „The Voyage", ist der Reisebeschreibung gewidmet. Die Seefahrer füllen die Zeit mit Beten und Singen aus; auch Geschichten werden erzählt, deren eine: „The buried City", den Inhalt des vierten Kapitels ausmacht. — Im fünften Kapitel sind die Wanderer in „The Paradise of Birds". Diese Vögel sind so prächtig und singen so melodische Lieder, dass Brendan geneigt ist zu glauben, sie seien verwandelte Engel. — Das sechste und letzte Kapitel endlich führt Brendan in „The promised Land". Die Mönche, ganz berauscht von der Pracht des Landes, wandern bis an einen Fluss, der von Osten nach Westen rinnt. Am Ufer des Stromes begegnet ihnen ein weissgekleideter Engel und gebietet ihrem weiteren Vordringen Einhalt, anderen werde die Aufgabe zu Theil, das gefundene Land für Christi Lehre zu gewinnen; es werde wieder erscheinen und eine gastliche Zufluchtsstätte denen sein, die unbarmherzige Tyrannei vom Heimathlande vertrieben. — Es muss hier zur Erklärung bemerkt werden, dass Mac Carthy fest von der Ansicht überzeugt ist, Brendan sei bis nach Amerika gekommen; den Strom, an dessen Gestade die Mönche umgekehrt, hält unser Dichter für den Ohio.

Sebastian Evans behandelt nach der oben erwähnten Prosaversion in „Brother Fabian's Manuscript" (London and Cambridge 1865) die Fahrt Brendans unter dem Titel: *„Judas Iscariot's Paradise"*, führt aber, wie die Ueberschrift anzeigt, die Begegnung Brendans mit dem Verräther Christi besonders ausführlich aus. Judas sitzt auf einem Eisberg im höchsten Norden, auf dem Steine, mit welchem er einst eine Grube ausgefüllt, mit dem vor dem Wogenschwalle ihn schützenden Tuche, das er einmal einem Aussätzigen geschenkt und mit den die Fische abhaltenden Ochsenzungen. Er erzählt, am Christtage sei es ihm vergönnt, aus dem Brande der Hölle auf der Eisscholle Kühlung zu suchen. Am Schlusse des Gedichtes wird noch ein Abenteuer erwähnt, das der Dichter sicherlich im Anschluss an die ähnliche Erzählung im Lib. I, Cap. XIII der Otia imperialia des Gervasius von Tilbury in seine Dichtung aufgenommen hat. Als nämlich Brendan wieder zu Hause ist und den Mönchen die Erlebnisse der Reise erzählt, da berichtet einer der Mönche, dass gerade am Christtag Morgen, wo die Begegnung zwischen Brendan und Judas stattfand, er über einen Anker gestolpert sei, der an der Kapellenthüre befestigt, dann aber wieder aufwärts gen Himmel gezogen worden sei. Brendan erklärt dieses Wunder dadurch, dass sie offenbar auf dem Wasser gefahren seien, das Gott bei der Schöpfung über die Veste des Himmels gesetzt habe; merkwürdiger Weise hätten sie nichtsdestoweniger den Mond gesehen. Vor einer weiteren Prüfung dieses Vorfalls aber warnt Brendan seine staunenden Mönche:

„Yet beware how you seek too curiously
To fathom Creation's mystery;
For Science, ye know, is the cub that is yeaned
By human Pride to the great Arch-Fiend;
But Faith, an angel born in the shrine
Of the child-like heart, by a grace Divine!"

Auch Mathew Arnold hat das Zusammentreffen mit Judas in einem kurzen Gedichte behandelt.[1]) Die Annahme, Judas sitze am Christtage zur Abkühlung auf einem Eisberge im

---

[1]) St. Brandan, in Arnold's Poems, London 1885.

hohen Norden findet sich ebenfalls bei ihm. Die Spendung seines Mantels an einen Aussätzigen in Joppe gewährt ihm diese Erholung.

Alle die hier erwähnten Bearbeitungen der Brendanus-Legende gehören zusammen, da die Rahmenerzählung allen gemeinsam ist. Brendanus wird durch den Bericht des Barint veranlasst, das Land der Verheissung aufzusuchen. Mit der Auffindung der Terra repromissionis sanctorum findet dann die Entdeckungsfahrt ihren würdigen Abschluss. Wir haben in den oben erwähnten Stücken die *erste Version* der Sage vertreten.

Speziell der deutschen Literatur aber gehört die *zweite Version* an. Was diese Gruppe von Bearbeitungen von der ersten hauptsächlich unterscheidet, ist deren Eingang: Brendan liest ein Buch, in welchem von einer Welt unter dieser Welt die Rede ist, in der es Tag sei, wenn es hier Nacht ist; drei Himmel gebe es; ebenso einen Fisch, auf dem ein Wald gewachsen; Judas komme aus der Hölle am Samstag Abend. Aus Zorn über die vermeintlichen Unwahrheiten wirft Brendan das Buch in das Feuer. Aber sein Unglaube soll nicht ungestraft bleiben. Gottes Stimme befiehlt ihm, auf das Meer hinauszufahren, um auf neunjähriger Reise mit eigenen Augen zu sehen, wie es um die im zerstörten Buche erzählten Wunder stehe. Brendan, wenn auch ungern, gehorcht dem himmlischen Befehle, wagt die Fahrt und erlebt auf dem Ozeane eine Reihe von Abenteuern, deren einige ihre Vorbilder in der Navigatio[1]) haben, während andere

---

[1]) Und zwar beruht die Kenntniss der in der Navigatio erzählten Abenteuer Brendans bei den Dichtern der zweiten Gruppe, wie Suchier in den Romanischen Studien, Bd. I, pag. 563, gewiss mit Recht annimmt, nur auf mündlichen Berichten. So haben die folgenden Abenteuer des mitteldeutschen Gedichtes, das die vollständigste Darstellung der zweiten Version bietet, einen mehr oder weniger grossen Anklang an die Navigatio:

1) Bau des Schiffes (V. 86—112) = Bau des Schiffes (pag. 6, 16 bis pag. 6, 23).

wieder anklingen an Episoden in anderen Erzeugnissen der Spielmannspoesie.¹) Denn in jenem Kreise der wandernden Spielleute, welche, der Reiselust der Kreuzzugszeit Rechnung

    2) Die zwei Kapläne (V. 121—122) erinnern an die drei Mönche, welche nachkommen.
    3) Kampf zwischen dem Drachen und dem Hirsch (V. 146—159) = Kampf der Fische (pag. 21, 23 bis pag. 23, 10) oder Kampf der Vögel (pag. 25, 29 bis pag. 26, 5).
    4) Der Fisch mit dem Wald auf dem Rücken (V. 165—184) = Jasconius (pag. 10, 25 bis pag. 11, 18).
    5) Das Musterkloster (V. 312—355) = Ailbes Insel (pag. 14, 23 bis pag. 18, 16).
    6) Der schöne Saal (V. 471—498) = Wunderstadt (pag. 6, 35 bis pag. 9, 15).
    7) Der gestohlene Zaum (V. 499—514) = gestohlene Zaum (pag. 8, 14 bis pag. 9, 6).
    8) Die Burg des Enoch und des Elias, in der einer der Mönche zurückbleibt (V. 515—556), ist ähnlich der Insel der Anachoreten (pag. 23, 14 bis pag. 24, 28).
    9) Die Teufel mit den Feuerbränden (V. 672—737) = Insel der Schmiede (pag. 28, 1 bis pag. 29, 9).
    10) Die Engelschaaren (V. 793—813) erinnern wieder an die drei Chöre (pag. 23, 14 bis pag. 24, 28).
    11) Die Menge der Fische (V. 827—840) hat einen schwachen Anklang an die Fische im klaren Meere (pag. 26, 13 bis pag. 26, 20).
    12) Der Einsiedler auf dem Rasenstücke (V. 850—923) = Paulus der Eremit (pag. 31, 34 bis pag. 34, 17).
    13) Judas (V. 936—1092) = Judas (pag. 29, 30 bis pag. 31, 33).
    14) Munda Sion (V. 1113—1244) = Terra repromissionis sanctorum (pag. 35, 10 bis pag. 36, 5).
    15) Das Volk mit den Schweinsköpfen etc. (V. 1245—1417) = Paradies der Vögel (pag. 11, 19 bis pag. 14, 22).
    16) Der lange Fisch (V. 1420—1455) ist eine Wiederholung des Jasconius (pag. 11, 12 bis pag. 11, 13).
    17) Der Stein mit Kelch und Patene (V. 1857—1877) = Columna und Conopeum (pag. 27, 3 bis pag. 27, 35).
    18) Brendans Heimkehr und Tod (V. 1878—1919) = Brendans Heimkehr und Tod (pag. 36, 5 bis pag. 36, 19).
    ¹) Schröder, St. Brand., pag. XIV, und 94—123. Birlinger in Reuschs Theolog. Literaturblatte, 1872. Spalte 313 ff.

tragend, einen König Rother, Herzog Ernst, Salomon und Morold, König Orendel, St. Oswald zu Helden ihrer odysseeartigen Gesänge machten, ist auch das Gedicht von St. Brendan entstanden.[1]

Bei der Besprechung dieser zweiten Version kann ich nur das wiederholen, was Schröder[2] und Suchier[3] schon über das Verhältniss der verschiedenen Bearbeitungen zu einander gesagt haben und nur der Vollständigkeit halber seien hier nochmals die Resultate der Forschungen obiger Gelehrter rekapituliert:

Die erste dichterische Bearbeitung der Brendanus-Sage ist am Niederrhein entstanden. Das Ende des zwölften Jahrhunderts wird ungefähr die Entstehungszeit dieses nicht mehr vorhandenen *mittelfränkischen Gedichtes* sein. Diesem mittelfränkischen Originale am nächsten steht ein *mittelniederländisches Gedicht*[4] aus der ersten Hälfte des dreizehnten Jahrhunderts. Noch in das zwölfte Jahrhundert gehört eine andere Bearbeitung der mittelfränkischen Quelle, repräsentirt durch das *mitteldeutsche Gedicht „Von sente Brandan"*,[5] wahrscheinlich aus der Gegend am rechten Ufer des Untermains stammend. Es ist uns nur in einer Berliner Handschrift des vierzehnten Jahrhunderts erhalten. Diese Dichtung bietet uns inhaltlich den vollständigsten Text. An dieses mitteldeutsche Gedicht schliesst sich nun die *niederdeutsche poetische Bearbeitung „Van dem hilgen sunte Brandan"*,[6]

---

[1] Scherer, Geschichte der deutschen Literatur (Berlin 1883), p. 95.
[2] St. Brand., pag. XV. Germania, Bd. XVI. Zum Brandan.
[3] Brandans Seefahrt in Böhmers Rom. Stud. Bd. 1, Heft 5, pag. 559 ff.
[4] Herausgeg. von Blommært, Oudvlæmische Gedichte I, pag. 100. Dr. Brill, Van sinte Brandane in Moltzers Bibl. v. mddlndl. letterkunde, 6. aflev.
[5] Herausgegeben mit werthvollen Anmerkungen von Schröder, als zweites Stück seines Sanct Brandan, pag. 51—123.
[6] Herausgegeben von Schröder, als drittes Stück seines Sanct Brandan, pag. 127—160.

deren Entstehungszeit ungewiss ist; aber jedenfalls ist das Gedicht bedeutend älter, als die aus dem fünfzehnten Jahrhundert stammende Wolfenbüttler Handschrift, die es uns überliefert. Dieses Werk giebt uns den Inhalt der mitteldeutschen Dichtung, aber in bedeutend verkürzter, fast verstümmelter Form. — Ohne ein Mittelglied direkt auf die mittelfränkische Vorlage zurückgehend, ist die Prosaversion des *Volksbuchs: „Von sand Brandon ein hübsch lieblich lesen, was er wunders auf dem mör erfahren hat"*.[1] Dieser Text entstand am Ende des fünfzehnten Jahrhunderts in Baiern.

Zur leichteren Uebersicht der verschiedenen Bearbeitungen der Brendanus-Legende soll nun folgende Tabelle dienen.

Irische Schiffermärchen.
A. **Irische Brendanus-Legende.**
B. **Navigatio (IX. Jahrh).**
    a) *Legenda in Festo S. Brandani Episcopi.*
1. Anglo-normannisches Gedicht (1121).
    a) *Lateinische Uebersetzung.*
2. Flandrische Prosa (XII. Jahrh.).
3. Französisches Gedicht (Ymage du Monde, 1245).
4. Anglo-normannische Prosa (XIII. Jahrh.).
5. Mittelenglisches Gedicht (XIII./XIV. Jahrh.).
    a) *Englische Prosa* (1516).
        α) S. Evan's Judas Iscariot's Paradise (1865).
            αα. M. Arnold's St. Brandan (1885).
6. Capgraves lateinische Bearbeitung (1516).
7. Deutsche Prosa von Dr. Joh. Hartlieb (1488).
8. Lübecker Passional (1488).
    a) *Baseler Druck von Adam Petri* (1511).
        α) G. Rollenhagens Vier Bücher Wunderbarlicher Reysen (1603).
9. Kosegartens Irrfahrten des heil. Brandanus (1810).
10. Allegorisches Gedicht von Brandan.

---

[1] Herausgegeben von Schröder, als viertes Stück seines Sanct Brandan, pag. 163—196.

11. Deutsche Uebersetzung von Keller (1840).
12. Mac Carthy's Voyage of St. Brendan (1848).
C. **Mittelfränkisches Gedicht** (XII. Jahrh. verloren).
 1. Mittelniederländisches Gedicht (XIII. Jahrh.).
 2. Mitteldeutsches Gedicht (XII. Jahrh.).
    a) *Niederdeutsches Gedicht.*
 3. Volksbuch (XV. Jahrh.).

Eine enge an die Brendanus-Sage sich anschliessende, aber doch auch eigenthümliche Züge aufweisende mönchische Odyssee hat die Bretagne geschaffen, indem sie den *St. Machutes* zum Seefahrer machte. Die älteste uns erhaltene Biographie des heiligen Machutes ist von Bili, Diakon der Kirche von Aleth, welcher, wie aus der Widmung der Vita St. Machuti an Ratvili (von 866 bis c. 890 Bischof von Aleth) und aus einer Verwendung unter Bischof Rethwalart von Aleth (848—866) zu schliessen ist, im neunten Jahrhundert gelebt haben muss. Liefert uns die Widmung an den Bischof Ratvili mit dem Jahre 890 einen Terminus ad quem für die Abfassung unserer Vita, so giebt uns die Erwähnung eines Einfalles der Normannen in das Gebiet von Aleth, der im Jahre 876 oder 878 stattgefunden haben soll, einen willkommenen Terminus a quo.[1]) Die Oxforder Handschrift, nach welcher Plaine in der Schrift „Deux Vies inédites de Saint Malo", pag. 31—120, mit Zuhülfenahme einer Londoner Handschrift aus dem elften Jahrhundert die Vita St. Machuti herausgegeben, stammt auch noch aus dem neunten oder höchstens zehnten Jahrhundert. Es lag dem Bili bei der Abfassung des Lebens des Machutes die Arbeit eines Anonymus vor, der schon „longo tempore antequam nos orti fuissemus", das Leben, die Abstammung und die Pilgerfahrt des Machutes „fidenter atque fideliter, sicut ab aliis sapientibus audivit ac didicit, scribere curavit."[2]) Diese Biographie will Bili wieder erzählen und damit Front machen gegen

---
[1]) Plaine et de la Borderie, Deux Vies inédites de Saint Malo, p. 3.
[2]) Prima Vita St. Machuti, pag. 35, § 13.

eine Lebensbeschreibung des Machutes, welche nur eine durch Interpolationen entstellte Reproduktion der erwähnten altehrwürdigen Vita sei. — Eine andere, wohl die von Bili verdammte Vita, auch aus dem neunten Jahrhundert stammend, ist nach einer Pariser Handschrift des elften Jahrhunderts herausgegeben von Arthur de la Borderie.[1]) Diese anonyme Vita Sancti Machutis ist nun aber gerade nach de la Borderie[2]) das Vorbild gewesen zu den bis in die neueste Zeit massgebenden Biographien des heiligen Machutes, wie sie uns vorliegen in d'Achery und Mabillons Acta Sanctorum Ordinis S. Benedicti, Tom. I, pag. 177; Surius, De Probatis Sanctorum Historiis, 15. November, und Johannes a Bosco, Floriacensis vetus Bibliotheca, Tom. I, pag. 485. Wir werden uns also bei unserer Besprechung der Meerfahrt des Machutes hauptsächlich auf die von Bili geschriebene, zuverlässigste Vita S. Machuti zu berufen haben.

Weder in der Vita, noch in der Navigatio[3]) S. Brendani findet sich eine Erwähnung des Machutes. Wohl aber war die Sage von Brendan bekannt in der Bretagne, die ja bekanntlich der Schauplatz der Thaten des Machutes war. Aus der oft zitirten Stelle in dem Roman de Renart[4]):

„Je fot savoir bon lai Breton
et de Merlin et de Foucon,
del roi Artu et de Tristan,
del Chievrefoil, de Saint Brendan,"

---

[1]) Deux Vies inéd., pag. 131 ff.
[2]) Deux Vies inéd., pag. 129 und 168.
[3]) Allerdings wird Machutes in zwei Mss. der Navigatio erwähnt: „Igitur sanctus Brendanus de omni congregacione sua elegit bis septem fratres, inter quos fuit preclarissimus ac Deodignus, adolescens Macutus, qui a Deo ab infantia sua est electus, et usque ad finem vitæ suæ permansit in Deo laudibus. Quod si quis nosse voluerit, perlegens ejus venerabilia gesta inveniet ejus opera prima et novissima quæ preclara habentur." Moran, Acta S. Brend., pag. 89, Cap. II. Diese Stelle ist aber doch wohl eine Interpolation.
[4]) Ed. Méon, Tom. II, pag. 96, V. 2149 ff.

geht hervor, dass einer der volksthümlichen Lai über Brendan in der Bretagne existirte. Am nächsten von allen Bearbeitungen der Brendanus-Legende steht nun der Pilgerfahrt des Machutes jedenfalls die irische Erzählung von Brendans Reise, so dass man wohl annehmen darf, die an die Brendanus-Legende erinnernden Züge in der Vita S. Machuti seien dem irischen Betha Brenainn entnommen.

Im Leben des Machutes spielt Brendanus eine sehr grosse Rolle. Machutes wurde nämlich zwischen 510 und 520[1]) in der Landschaft Went (im heutigen Montmouthshire) geboren und von dem im nahen Kloster von Llancarvan weilenden St. Brendanus getauft und erzogen.[2]) Die Beschreibung der Jugendzeit unseres Heiligen, in welcher von Brendan stets viel die Rede ist, hat für uns keine Bedeutung. Interessant wird die Vita erst mit Cap. XVI: „De navigatione ad Ymam insulam quærendam". Brendan wird erfüllt von Reiselust und fordert seinen Schüler Machutes auf, mit ihm nach der Insel Yma zu fahren. Dieser nach den Worten der Bibel: „Magister, sequar te quocumque ieris", ist gern bereit ihm zu folgen. Brendan lässt ein starkes Schiff bauen und mit allem Nöthigen ausrüsten. Er, sein Zögling und nicht weniger als 903 andere Leute besteigen das Fahrzeug und beginnen die Reise, die sie erst nach sieben Jahren vollenden. Bei den nun folgenden Abenteuern, von denen aber nur die des siebenten Wanderjahres erzählt werden,[3]) steht Machutes stets im Vordergrund. Er erweckt den todten Riesen Milldu, den sie im siebenten Jahre ihrer Fahrt auf einer Insel finden, zu neuem Leben und tauft ihn; denn dieser Milldu ist ein Heide gewesen, aber schon während seines Lebens und dann besonders in der Hölle, wo er alle nicht an Christus Glaubenden getroffen, ist er überzeugt

---

[1]) Deux Vies inéd., pag. 14.
[2]) Prim. Vit. S. Mach., Lib. I, Cap. I, II.
[3]) Auch im irischen Brendan verfliessen die ersten fünf Jahre der Reise ereignisslos.

worden, dass der Christengott der wahre, der mächtigste Gott sei. Humboldt[1]) erkennt in diesem Riesen Milldu den Saturn der Alten, der nach Plutarch auf einer heiligen Insel des Kronischen Meeres, in der Nähe von Britannien, wo eine milde Luft herrscht, eingeschlossen in einer Höhle unter der Obhut des Briareus schlummert. Dürfen wir vielleicht hier auch an das riesige Meerweib des irischen Textes erinnern, das, auf gleiche Weise wie der Riese vom Tode erstanden, verlangt getauft zu werden? Die Seefahrer fragen den Riesen nach der Insel Yma, die er auch wirklich einmal gesehen hat und sie als ein mit einer goldenen Mauer umgebenes Eiland beschreibt. Er will die Wanderer, durch das Meer watend, nach der Insel hinziehen, aber ein Sturm erhebt sich und die Wogen zerreissen das Ankerseil, an dem der Riese das Fahrzeug zieht. Sie sind so gezwungen, nach Milldus Insel zurückzukehren. Als sie sich wieder auf dem Heimwege befinden, leiden sie eines Tages brennenden Durst. Machutes mit einem Gefässe macht sich auf den Weg, um auf einer nahen Insel nach Wasser zu suchen. Er findet auch, obwohl es finstere Nacht ist, bald einen klaren, perlenreichen Quell. Aber erst beim dritten Schöpfen, nach einem Gebete, gelingt es ihm sein Gefäss zu füllen. Auf dem Rückwege nach dem Schiff stolpert sein rechter Fuss über einen Dornstrauch, er nimmt ihn mit sich. Das von Machutes gebrachte Wasser löscht nicht nur der ganzen so zahlreichen Schiffsmannschaft den Durst, sondern sättigt sie auch noch und zwar ohne sich um einen einzigen Tropfen zu vermindern. Diese Tränkung der Neunhundert findet am Vorabend des Osterfestes statt. Am Ostermorgen wollen die Seefahrer von St. Machutes eine Messe hören. Auf einer mässig grossen Insel halten sie den Gottesdienst. Plötzlich fängt der Boden unter ihren Füssen an sich zu bewegen. Die Entsetzten, unter denen sich selbst Brendanus befindet, tröstet und er-

---

[1]) Exam. crit. übersetzt von Ideler, Bd. I, pag. 404.

muthigt St. Machutes. Der Wallfisch, denn ein solcher ist die vermeintliche Insel, wird wieder ruhig und ohne weitere Störung kann der Gottesdienst vollendet werden. — Ohne die gesuchte Insel Yma gefunden zu haben, kehren die Seefahrer wieder nach Hause zurück. St. Machutes pflanzt den Dornstrauch in der Nähe des Klosters Llancarvan und er entwickelt sich zu einem der englischen Vegetation ganz fremden palmartigen Baume.

Aber die Lust zum Wandern ist in der Seele des Machutes nicht erstickt und dieselben Worte, welche den Brendan nach der irischen Erzählung veranlassten, den Wundern des Ozeans nachzugehen, die Worte des Evangelisten: „Quicumque non dimiserit patrem, aut matrem, aut uxorem, aut fratrem, aut sororem, aut filios, aut agros propter me, non potest meus esse discipulus; quicumque dimiserit omnia sua propter me et propter vitam æternam, centuplum accipiet in hoc sæculo, et vitam in futuro,"[1]) sie treiben auch den Machutes in die weite Welt hinaus. Brendanus der Lehrer und die Eltern des Machutes wollen den Jüngling aber nicht ziehen lassen. Seiner Beredsamkeit jedoch kann Brendan nicht lange widerstehen: er segnet seinen Schüler zu dem Unternehmen. Mit schwerem Herzen willigen endlich auch die Eltern ein. Sie begleiten den Sohn an den Meeresstrand, wo schon ein nicht durch Menschenhand gerüstetes Schiff steht. Kein Geringerer als Christus selbst ist der Steuermann des Bootes, welcher, als er auf seine Fragen des Machutes reine und fromme Absicht erfahren, ihm auch eine gute Fahrt prophezeit. Bald nähert sich das Schiff der Insel September.[2]) Auf dieser lebt ein heiliger Mann, Festivus, der Vorsteher einer Schule. Im Traume enthüllt ihm ein Engel des Herrn die Ankunft des Machutes.[3]) Voll Freude

---

[1]) Prim. Vit. S. Mach., Lib. I, Cap. XXIX.
[2]) Jetzt L'île de Césembre in der Nähe von St. Malo.
[3]) Dies erinnert an die Vision, in welcher in der Navigatio Mernoc auf die Ankunft des Barint vorbereitet wird.

empfängt daher am andern Morgen Festivus den willkommenen Besuch. Mit der Ankunft auf der Insel September schliesst aber vorläufig das Wanderleben des Machutes. Er befindet sich jetzt an der Küste der Bretagne, dem Schauplatz seiner künftigen Thaten. — Dies sind die beiden Meerfahrten des Machutes: die erste voll Wunder, die zweite eine kurze Erwähnung der Uebersiedelung des Heiligen von Wales nach der Bretagne.

Das von de la Borderie herausgegebene [1]) anonyme Leben des St. Machutes,[2]) sowie die von ihm abgeleiteten Biographien bei a Bosco,[3]) Surius[4]) und Mabillon[5]) wissen ebenfalls von diesen beiden Fahrten zu erzählen, erwähnen aber von den Wundern der ersten Reise nur die Erweckung und Taufe des Riesen Milldu und dessen verunglückten Versuch, die Seefahrer nach der Insel Yma zu ziehen, sowie die Begehung des Osterfestes auf dem Wallfisch. Auf seiner zweiten Fahrt geht Machutes direkt nach der Insel des Einsiedlers Aaron, während in der Vita des Bili die Ueberfahrt nach dem Eilande, wo heute die Stadt St. Malo steht und wo Aaron wohnte, viel später vor sich geht.[6]) — Interessant ist die Stelle in der Vita secunda Cap. VII: „Peragratis Orchadibus ceterisque aquilonensibus insulis, ad patriam redeunt (sc. Brendanus et Machutes)." Auf dieser Stelle wird die Anschauung beruhen, Brendan habe die Orkney- und andere Inseln der Nordsee christianisirt. In dem aus dem Jahre 1631 stammenden Kalender des David Camerarius heisst es geradezu:

---

[1]) Deux Vies inéd., pag. 131 ff.
[2]) Cap. VII—XV.
[3]) Cap. V—VIII.
[4]) Cap. VI—XI. Dass der Riese das Schiff gezogen, fehlt hier.
[5]) Cap. VI—IX, wo übrigens die Seefahrten sehr kurz abgemacht werden und in Betreff der Wunder der ersten Reise einfach gesagt wird: „Quæ (sc. innumera miracula) si quis indagare velit, in libro Brendanicæ peregrinationis invenire poterit."
[6]) Prim. Vit. S. Mach., Lib. I, Cap. LIII.

„*Maius 16. die:* Sanctus Brandanus Abbas Apostolus Orcadum et Scoticarum insularum."[1]

Es ist ja nun sehr wohl möglich, dass der Grundstock unserer Brendanus-Legende eben in einer solchen für die Mitte des sechsten Jahrhunderts nicht sehr auffälligen Fahrt nach jenen, Grossbritannien im Norden begrenzenden Inseln zu suchen ist. Als im fünfzehnten Jahrhundert die Entdeckungsreisen der Portugiesen und Spanier begannen, da wurde Brendan eine gefeierte Persönlichkeit und ausgedehntere Fahrten wurden ihm zugeschrieben. Die Brendansinsel erschien auf den Karten als eine der atlantischen Inseln, ist aber unauffindbar.[2] — Wenn wir nun auch weniger gläubig als das Mittelalter, die meisten der in der Brendanus-Legende vorkommenden Abenteuer für blosse Phantasiegebilde ansehen müssen, so werden wir doch gewiss dem irischen Dichter der Legende von Herzen dankbar sein, dass er uns in seinem Werke auf so schöne Weise zeigt, wie unerschrockene Ausdauer und fester Mannesmuth durch Erreichung des ersehnten Zieles würdig belohnt wird.

---

[1] A. Forbes, Kalendars of Scottish Saints, pag. 233.
[2] Vgl. darüber Humboldt, Exam. crit., übersetzt von Ideler, Bd. I, pag. 409; Jubinal, La Lég. lat. de St. Brand., Einl.; Schröder, S. Brand., pag. V. O'Hanlon, Lives of the Ir. Saints, Vol. V, pag. 472.